La piste est l'image de l'infini,
sur lequel chaque coureur découpe
sa distance favorite.

Jean Giraudoux,
Le Sport, Hachette, 1928

Préface

En route mauvaise troupe !

Vous avez repéré l'immatriculation ?

2024 JO 75.

Tout un symbole. Oui, cette année, les Jeux olympiques ont lieu à Paris. Pour les plus jeunes : 75, c'est le département de la Seine.

C'est le grand événement de l'été[1]. Et même de l'année. Que dis-je ? de l'olympiade ! Il est temps de se poser les bonnes questions à ce sujet.

Pourquoi les Jeux ont-ils lieu tous les quatre ans ?

Pourquoi certains sports sont-ils olympiques et d'autres non ?

Pourquoi pleure-t-on après une… victoire ?

Pourquoi le médaillé d'argent est-il qualifié de « dauphin » ?

Pourquoi les lutteurs doivent-ils porter cette tenue, hum… chelou ? Et pourquoi une tenue, d'abord ?

La question n'est pas anodine. En 1896, quand Pierre de Coubertin crée les Jeux olympiques modernes, il s'inspire de la culture grecque antique. Les premiers Jeux apparurent vers 776 avant notre ère. Parmi les épreuves : course, boxe, lutte, saut en longueur, lancers, courses de char…

Fasciné par ce qu'il perçoit comme un âge d'or, Coubertin invente le marathon, mais il n'ose pas remettre au goût du jour les courses de char, ni la règle de base : les athlètes – seulement des hommes – s'affrontaient totalement nus. Oui, les lutteurs aussi étaient à poil !

La légende raconte que les femmes avaient interdiction de venir au stade. C'est plus subtil. À Olympie, les demoiselles avaient parfaitement le droit d'assister au spectacle, mais pas les femmes mariées. Une seule était admise : la prêtresse de Déméter, qui disposait de l'une des rares places

1. Les Jeux olympiques de Paris 2024 se tiendront du 26 juillet au 11 août ; puis les Jeux paralympiques du 28 août au 8 septembre. Pourquoi pas la même date ? Vous le découvrirez dans ces pages.

assises en tribune, au milieu des juges officiels, les hellanodices. Le CIO de l'époque.

Pourquoi cette interdiction ? Et pourquoi cette légende ?

C'est l'objet de ce livre. Répondre aux interrogations, avec rigueur, et en s'amusant. Au fil de mes recherches, j'ai réuni pas loin d'un millier de *Pourquoi.* J'ai rassemblé ici ceux qui se rapportent à nos Jeux olympiques, pas seulement au sport. Rien sur le bridge ou la Formule 1 par exemple, disciplines non olympiques. Rien non plus sur le bobsleigh, hors saison.

Voici donc 75 *Pourquoi.* Avec beaucoup d'inédits, même si vous allez peut-être retrouver certains thèmes. Mais pas les mêmes réponses. Toutes ont été mises à jour, étayées, complétées. L'univers du sport est en perpétuelle évolution. Les règlements changent, les pratiques aussi. Quand j'ai démarré les *Pourquoi* sur Radio Nova en 1993, il n'y avait pas d'arbitrage vidéo au football, ni même au rugby. L'essai entre les poteaux rapportait seulement quatre points, pas cinq comme aujourd'hui. L'EPO n'était pas officiellement interdite, mais le cannabis venait de faire son entrée sur la liste des produits dopants, vous lirez pourquoi.

Le politiquement correct n'avait pas encore dévitalisé les interviews des médaillés. Vainqueur du Marathon aux JO de Tokyo 1964, le grand Alain Mimoun vantait l'âpreté de son sport : « Le Marathon c'est quelque chose. C'est pas faire des croche-pattes à un Japonais en pyjama. »

Désormais, les enjeux des Jeux sont hors jeu. En 2024, après que la mairie de Paris a décrété que les athlètes nageraient dans la Seine, certains esprits chagrins se demandent si la baignade sera autorisée. Problème : le triathlon sera annulé si les services d'hygiène s'y opposent.

Dans leur fleuve africain, les hippopos se foutent bien de nos gueules de bobos.

J'ai découvert en préparant cet ouvrage la stratégie audacieuse d'un entraîneur. Vérification faite, il a raison : l'hippopotame nage plus vite qu'un humain dans l'eau. L'hippopotame court plus vite qu'un humain sur terre. Conclusion : le seul moyen de battre un hippopotame au triathlon, c'est de tout miser sur le vélo.

Vive la fête olympique !

Philippe Vandel

Pourquoi pleure-t-on après une… victoire ?

Un match intense, deux grandes équipes, mais à la fin : un seul titre. Revoyez les images d'une finale qui vous a fait vibrer. Les perdants sont en larmes. Et les vainqueurs ? En larmes aussi !

Dans ses *Mémoires olympiques*, Pierre de Coubertin raconte comment il a pleuré de joie lors de la première cérémonie d'ouverture des Jeux olympiques modernes à Athènes en 1896. C'était trop beau !

Idem pour le perchiste français Renaud Lavillenie, champion olympique submergé d'émotion sur le podium des Jeux de Rio, sa médaille d'or au cou.

Ces moments de joie intense, qu'ils soient solitaires ou collectifs, se vivent souvent les yeux humides. Malgré le bonheur. Ou à cause de lui ?

Que se passe-t-il dans notre cœur et notre cerveau ? Pourquoi pleurons-nous là où nous devrions exulter ? Quelle explication scientifique à ces larmes de joie ?

Les victoires tant désirées surviennent au terme de séquences de tension extrême, empilement désordonné de montées d'espoirs, de craintes subites, d'insécurité abyssale ; un kaléidoscope d'émotions qui trouvent leur point culminant quand l'arbitre siffle la fin du match, ou que les juges attribuent leur note.

Dans les deux cas, les athlètes sont dans un état de tension extrême, à la fois physique et psychologique. Les supporteurs sont tendus aussi. Et toute cette tension se trouve brusquement libérée par la victoire.

Chez les fans, les pleurs sont à corréler avec l'intensité des émotions subies pendant la compétition, spectateurs impuissants sur leur siège. Chez les sportifs remontent à la surface le souvenir des efforts consentis depuis des mois et des années pour arriver au sommet.

Selon des chercheurs de l'université Yale (dans une étude publiée par *Psychological Science* en décembre 2014), exprimer une émotion négative aide à faire face à une joie extrême : c'est un effet de balancier, en quelque sorte.

Le professeur William H. Frey, de l'université du Minnesota, a mis en évidence que les larmes d'émotion n'ont pas la même composition que les larmes physiologiques : elles contiennent des hormones de stress comme le cortisol ou l'adrénaline. Le fait de pleurer permet d'évacuer ces hormones et de remettre le corps dans un état de détente[1]. C'est le système nerveux parasympathique, chargé de l'équilibre nerveux, qui déclenche les pleurs.

Le médaillé pleure d'autant plus que l'effort physique a été intense. Les glandes lacrymales sont automatiquement sollicitées quand les muscles et les nerfs lâchent. C'est pour la même raison qu'on pleure plus facilement quand on est fatigué…

Oublions le sport un instant. Lorsque survient un événement très heureux dans notre vie, beaucoup d'entre nous ne peuvent s'empêcher de verser quelques larmes. La naissance d'un bébé, une remise de diplôme, des familles qui se retrouvent après une longue absence. Et tous les jours au cinéma, ces mouchoirs qui sortent au moment du *happy end*…

Et puis il y a la contagion des émotions. À moins d'être un psychopathe, les réactions humaines auxquelles nous assistons déclenchent chez nous des émotions similaires. Avec la foule, l'effet est surmultiplié : quand tout le monde pleure dans le stade, ou sur la grosse télé du salon, difficile de résister.

Snif…

Jusqu'à preuve du contraire…

1. William H. Frey II et Muriel Langseth, *Crying: The Mystery of Tears*, Winston Press, 1985.

Pourquoi le record du monde de saut en hauteur n'est que de 2,45 mètres alors qu'un chat peut sauter quatre fois sa hauteur ?

Le record olympique a été signé par l'Américain Charles Austin aux Jeux d'Atlanta en 1996 avec un bond de 2,39 mètres. Le record du monde[1] est toujours détenu par le Cubain Javier Sotomayor qui a franchi une barre à 2,45 mètres le 27 juillet 1993 lors du meeting de Salamanque. Chez les femmes, le record du monde appartient à la Bulgare Stefka Kostadinova créditée

1. Pour qu'un record du monde soit également record olympique, il faut que la performance ait été réalisée pendant une olympiade.

de 2,09 mètres en 1987 (à noter que ces records n'ont curieusement pas été améliorés depuis près de trente ans, mais ce n'est pas la question du jour).

Revenons au record des records : 2,45 mètres. Pour vous donner une idée de l'exploit, c'est un centimètre de plus que la hauteur (intérieure) des buts de football ! Impressionnant ? Pas pour un chat.

Vous avez déjà vu un matou sauter sur la table du salon ? Tranquillou. Eh bien, rapporté à sa taille, c'est comme si un humain décollait sans élan jusqu'au balcon du deuxième étage. Il y a plus fort encore : une puce peut sauter cent cinquante fois sa hauteur.

Il n'y a pas que le saut dans la vie. Une fourmi peut porter cinquante fois son propre poids (c'est comme si un haltérophile pouvait soulever 5 tonnes). Un lapin de garenne peut courir à 65 km/h, beaucoup plus vite qu'Usain Bolt, le recordman du monde, chronométré un jour à 44,72 km/h. Bref : pourquoi les animaux sont-ils souvent bien plus forts que nous ?

En réalité, ils ne sont pas plus forts, plus musclés que les hommes, mais ils sont souvent plus puissants. Parce qu'ils sont plus petits. Donc leur squelette – ou leur exosquelette dans le cas des insectes – est beaucoup plus léger.

Schématiquement, la force des muscles est proportionnelle à la surface de leur section transversale, l'« aire », comme on dit en mathématiques. Elle se mesure en centimètres carrés. D'où, par exemple, les biceps au diamètre hors norme des lanceurs. Si vous étiez dix fois plus petit que votre taille actuelle, vos muscles seraient cent fois moins forts, mais vous pèseriez mille fois moins, puisque le poids est fonction du volume, donc du cube des distances. Petite leçon de mathématique express : cent fois moins de force, mais mille fois moins de poids : vous seriez donc dix fois plus efficace. Car ce qui compte dans la performance, c'est le rapport poids/puissance. Le moteur d'un semi-remorque de 35 tonnes est bien plus puissant que celui d'une berline, et, pourtant, au feu rouge, la voiture le surclasse à tous les coups.

Au XVIIe siècle, un disciple de Galilée, Giovanni Borelli, avait observé cette constante : tout ce qui saute saute à peu près à la même hauteur qu'il avait estimée aux alentours de 75 centimètres. C'est la hauteur du bond que vous pouvez faire dans votre cuisine ou au bureau (essayez si vous êtes en forme), mais c'est aussi la hauteur du saut d'un chat qui monte sur la table, d'une grenouille, et même d'une puce.

Évidemment, cette valeur s'accroît dès lors qu'on saute avec une technique sportive, beaucoup d'élan et des années d'entraînement. Et je ne parle pas du dressage de puces. Ce n'est pas un sport olympique.

Jusqu'à preuve du contraire…

Pourquoi les Jeux olympiques ont-ils lieu tous les quatre ans ?

4 Vous le savez : les Jeux olympiques, c'est tous les quatre ans – comme la Coupe du monde de football – avec les épreuves d'hiver et d'été elles-mêmes espacées de deux ans.

Été 2024 : Paris. Hiver 2026 : Milan. Été 2028 : Los Angeles, etc. Hormis les deux guerres mondiales, cette loi immuable a connu un seul impair : les JO de Tokyo 2020, qui se sont tenus en 2021, pour cause de Covid.

Mais pourquoi attendre quatre longues années entre deux compétitions ? Pourquoi ne pas recommencer tous les ans comme la Champions League de football ? Pourquoi pas tous les deux ans comme la CAN, la Coupe d'Afrique des nations ? Voire tous les trois ans comme le Forum mondial de l'eau ?

Pour susciter le désir ? Ou parce que la compétition est trop complexe à organiser annuellement ?

Ni l'un ni l'autre. Car telle fut la volonté de Pierre de Coubertin quand il a relancé les Jeux modernes, avec leur première édition en 1896 à Athènes. La suivante aura lieu en 1900 à Paris. Quatre ans plus tard donc.

Le fier baron voulait respecter la tradition antique dans laquelle les Jeux où participaient des candidats de toutes les cités de la péninsule hellénique étaient déjà espacés de quatre années. Olympie n'était qu'une bourgade du Péloponnèse, davantage un sanctuaire religieux qu'une ville. Les concours sportifs qui y étaient organisés ont pris le nom du lieu : les « Jeux olympiques ». À noter qu'ils se déroulaient déjà l'été, dans la fournaise du sud de la Grèce.

Quand tout cela a-t-il démarré ? La première date retenue par les spécialistes de l'Antiquité est 776 avant notre ère. Les derniers Jeux antiques se sont déroulés aux alentours de 420-430 après Jésus-Christ, avec le déclin progressif de la civilisation grecque, au profit de l'Empire romain.

Là vous vous dites : c'est bien beau tout ça, mais pourquoi les Grecs anciens espaçaient-ils les Jeux de quatre années ?

Parce que la période de quatre années séparant les éditions de ces Jeux antiques était nommée « olympiade » et servait à l'époque de système de datation. Le temps ne se mesurait pas alors en années, mais donc en olympiades. Qui comptaient quarante-huit mois.

Il y a un siècle, l'abbé Chauve-Bertrand s'est passionné pour ces questions. Il écrit : « C'est en

Grèce qu'on trouve l'ère célèbre des Olympiades, ou période de quatre années, ainsi nommée parce que, à Olympe, se célébraient des jeux tous les quatre ans[1]. »

Mais pour la plupart des auteurs modernes, et pour le CIO, les olympiades préexistaient à la création des Jeux olympiques. Le nom provient de la demeure des dieux dans la mythologie : le mont Olympe, la plus haute montagne de Grèce.

Dans *Bouvard et Pécuchet*, Flaubert précise : « Les dates ne sont pas toujours authentiques. Ils apprirent dans un manuel pour les collèges, que la naissance de Jésus doit être reportée cinq ans plus tôt qu'on ne la met ordinairement, et qu'il y avait chez les Grecs trois manières de compter les olympiades. »

Le génial Gustave termine sa rédaction en 1880. Ce qui nous instruit sur le niveau des collèges de l'époque. Et donc de la nôtre.

Jusqu'à preuve du contraire…

---

1. Chauve-Bertrand, *La Question du calendrier*, La Renaissance du livre, 1920, p. 56.

Pourquoi certains sports sont-ils olympiques et pas d'autres ?

Hockey sur gazon oui. Mais cricket non. Ski de fond oui. Mais ski nautique non. Rugby à XV non. Rugby à XIII non. Mais rugby à VII oui.

Pas simple de comprendre quels sports peuvent figurer, ou pas, au programme des Jeux. C'est évidemment le Comité international olympique qui choisit. Mais sur quels critères ?

Le CIO doit statuer au minimum trois ans avant le début des JO concernés par les changements ; toutefois certaines décisions peuvent être prises jusqu'à sept ans avant. La ville organisatrice peut introduire jusqu'à cinq sports additionnels. À Paris, ce sera quatre.

Les sports qui postulent doivent cocher plusieurs cases. D'abord être pratiqués dans au moins cinquante pays et sur trois continents par des hommes, et par des femmes dans au moins trente-cinq pays et sur trois continents. Pourquoi cette différence ? À cause de certains pays qui limitent l'accès des femmes au sport, comme l'Afghanistan, l'Iran ou l'Arabie saoudite.

On les fait d'abord participer aux Jeux mondiaux (World Games), qui sont organisés par l'IWGA sous la tutelle du CIO, afin de tester leur viabilité aux JO.

À Paris, donc, quatre sports font leur entrée : surf, escalade, skateboard (déjà en test à Tokyo) et breaking (ou break dance).

Sports recalés : squash, pétanque, ski nautique, billard, bowling, roller derby, sports électroniques, football américain, cricket. Trois sports « testés » aux JO de Tokyo seront absents à Paris : karaté, base-ball et softball.

Les places sont chères. Pour une fédération mondiale, être représentée aux Jeux olympiques est un enjeu majeur. Cette visibilité va accroître de manière considérable sa popularité et, par conséquent, le nombre de ses licenciés – et aussi ses budgets.

Mais les sports doivent présenter des qualités qui en font des sports « *bankable* » en plus des critères de nombre.

Prenons l'exemple emblématique du base-ball et du cricket. Le cricket est le deuxième sport le plus populaire au monde, après le football. Il est particulièrement suivi dans le Commonwealth, qui regroupe les anciennes colonies anglaises (Inde, Pakistan, Bangladesh, Sri Lanka, Australie, Nouvelle-Zélande, Afrique du Sud, etc.). Avec le base-ball, les Américains ont réussi une belle percée : Japon, Corée, Amérique latine. C'est le troisième sport mondial.

Et pourtant, ni le base-ball ni le cricket ne seront présents à Paris. Pour quelle raison ?

À cause de considérations plus mercantiles. Le cricket est un sport dont les matchs peuvent être longs, très longs. Certaines rencontres peuvent s'étaler sur plusieurs jours. Un format plus court existe, en trois ou quatre heures, mais il s'avère moins populaire. Or la durée des Jeux reste relativement brève, ce qui rend les compétitions de cricket difficiles à organiser.

Quant au base-ball, les équipements et les installations nécessaires à sa pratique sont relativement coûteux. Mais il sera présent au programme de Los Angeles 2028, où les infrastructures existent déjà.

Le cricket, lui aussi, sera présent aux États-Unis, où il est en plein essor, avec 1,5 million de joueurs dont la plupart sont des immigrés ou des descendants d'immigrés originaires de pays où le cricket est populaire (voir ci-dessus) et des Antilles américaines.

Résumons-nous. Pour être ou devenir un sport olympique, il faut plaire au plus grand nombre, être (relativement) facile à organiser, être télégénique et se jouer sur des durées raisonnables.

Surf oui. Pétanque non.

Les boules.

Jusqu'à preuve du contraire…

Pourquoi les chaussures de sport sont-elles souvent fluorescentes ?

Pour patienter avant les JO de Paris, regardez des finales récentes de la course reine des Jeux : le 100 mètres (à Paris 2024, ce sera le 3 août à 21 h 20 pour les femmes et le 4 août à 21 h 50 pour les hommes).

Vous l'avez sans doute aussi noté dans la rue ou au stade : la plupart des chaussures de sport – que les Français appellent « baskets » et les Américains « *sneakers* » – arborent de plus en plus des couleurs fluorescentes, pour ne pas dire flashy, pour ne pas dire dégueulasses.

Loin de moi l'idée d'imposer des Stan Smith immaculées comme norme, ou de proposer le retour aux souliers en cuir, mais j'ai l'impression que les stylistes appelés à dessiner les modèles récents ont d'abord fait un stage « vêtements de nuit » à la Sécurité routière.

En réalité, pas du tout. La mode des chaussures fluo est arrivée par le football. Pendant la Coupe du monde 2010 en Afrique du Sud, beaucoup de joueurs portaient des chaussures orange. Pourquoi ? À cause d'un sponsor : Nike. Dans chaque délégation, les joueurs enfilent la tenue officielle de l'équipe nationale – maillot, short, chaussettes –, mais la plupart sont libres de porter aux pieds la marque qu'ils veulent, grâce à un contrat personnel.

Longtemps, Adidas et, dans une moindre mesure, Puma ont dominé le marché. Mais l'outsider Nike tente depuis les années 1990 de faire son trou. En 2010, l'équipementier américain a une idée lumineuse : lancer un modèle fluorescent, la « Nike Mercurial Vapor Superfly II ». L'avant de la chaussure est gris, donc sur les photos de l'équipe, la teinte ne jure pas avec les couleurs nationales, ni avec celles du sponsor officiel. Mais l'arrière, et surtout la semelle, est orange fluo. La couleur a été testée à la vidéo pour « claquer », comme disent les cameramen. Même si peu de joueurs en portent une paire sur le terrain, on ne voit qu'elles à la télé. Résultat : le téléspectateur a l'impression que chaque joueur dont il remarque les pieds et les chaussures est en Nike. (C'est le principe des sifflets dans un stade : on n'entend que les gens qui sifflent, et pas ceux qui ne sifflent pas.)

En réaction, dès la collection suivante, les concurrents sortent eux aussi pléthore de modèles flashy. Amusez-vous à compter : désormais, la moitié sinon les trois quarts des joueurs gambadent en fluo.

Dans son livre *Je suis le footballeur masqué*[1] sorti en 2015, un ancien pro raconte : « J'aimais bien les Adidas Pure, leur côté vintage revisité. Malheureusement, j'ai dû jouer avec des Nike jaune fluo. Je n'en voulais pas. Parfois, je maquillais mes chaussures en noir. Le sponsor appelait le club, et me remettait dans le droit chemin du jaune flashy. »

Après les professionnels, les amateurs. Le fluo a aussi colonisé le marché de la chaussure de sport grand public, le modèle que vous mettez pour la zumba ou le jogging du dimanche.

Pourquoi ? Encore une ruse marketing. Beaucoup de gens vont travailler en baskets, cela ne choque personne. La plupart des employeurs ferment les yeux sur les modèles « chics », presque assimilés aujourd'hui à des chaussures de ville. Mais ce n'est pas la même histoire pour les chaussures fluorescentes, ostensiblement connotées « sport » (et, donc, en sous-texte, « transpiration »). Cela vous oblige souvent à acheter deux paires. Et donc à payer plus.

Vous vouliez vous dépenser. Les marques veulent d'abord *vous faire* dépenser.

Pas très sport.

Jusqu'à preuve du contraire…

1. Géraldine Maillet, *Je suis le footballeur masqué*, Hugo Sport, 2015.

Pourquoi le marathon fait-il 42,195 kilomètres ?

Ce sera le grand final des JO de Paris ! Le marathon est programmé le 10 août pour les hommes, puis en majesté le lendemain pour les femmes, à quelques heures de la cérémonie de clôture. Comme dans nombre d'épreuves, un événement historique y sera mis en lumière. En l'occurrence un épisode clé de la Révolution française : la marche des femmes sur Versailles, le 5 octobre 1789.

La course partira de l'Hôtel de Ville pour filer jusqu'au château de Versailles (déjà 23 kilomètres parcourus), avant de revenir à Paris pour l'arrivée sur l'esplanade des Invalides.

Donc 42,195 kilomètres. Il paraît que le plus dur, ce sont les 195 derniers mètres ! Je n'en sais rien : je n'ai jamais fait les 42 premières bornes. En revanche, je me suis déjà endormi à mi-course devant un marathon à la télé. Invariablement, quand il ne se passe pas grand-chose, on a droit pour la énième fois à la mythique histoire de Philippidès, qui a couru de Marathon jusqu'à Athènes pour annoncer aux Grecs la victoire contre les Perses, en 490 avant Jésus-Christ. Puis il est mort d'épuisement. Une quarantaine de kilomètres séparaient les deux cités. Mais alors pourquoi le règlement sportif impose 42,195 kilomètres, pas plus, pas moins ?

Le marathon, course imaginée par Pierre de Coubertin en personne, fait partie des premiers Jeux olympiques modernes, organisés en 1896 à Athènes. À l'époque, les organisateurs choisissent un circuit de 40 kilomètres.

Nous voici ensuite aux Jeux olympiques de 1908. Cette année, c'est Londres qui organise. Les fameux 40 kilomètres ont été reconvertis dans le système de mesure des distances local, le *mile*, à base de pieds et de pouces. Il est décidé de pousser la distance à 26 *miles* tout rond. Un itinéraire est trouvé dans la ville et alentour.

Mais la famille royale a un souhait, autant dire un ordre. Le roi Édouard VII sera présent au stade de White City, où la ligne d'arrivée se trouve devant sa loge (à moins que ce ne soit l'inverse). De leur côté, les enfants royaux, le prince George (futur George V), et les princesses Louise, Victoria et Maud, désirent assister au départ de la course, au château de Windsor, où ils résident. Or la distance exacte entre ces deux points, telle que définie par le tracé de la course, est de 26 *miles* et 219 *yards*. Qu'à cela ne tienne, le marathon sera rallongé de 219 *yards* ! Ce qui, reconverti en système métrique, conduit à 42,195 kilomètres. Qui deviendra la norme officielle.

C'est long ? Vous pourrez en juger par vous-même. Pour la première fois dans l'histoire des Jeux, une course sera ouverte aux amateurs qui emprunteront exactement le même parcours que les champions. Départ de ce marathon : le 10 août 2024 à 21 heures. On attend 20 024 dossards, avec autant d'hommes que de femmes.

Les moins rapides pourraient y passer la nuit.

Jusqu'à preuve du contraire…

Pourquoi certains nageurs portent-ils deux bonnets en compétition ?

Si vous ne l'avez pas déjà remarqué, cela ne manquera pas de vous surprendre lors des épreuves de Paris 2024. Pour information, la natation éclaboussera la Défense Arena du 27 juillet au 4 août.

Allons voir les plots de départ, dans les minutes qui précèdent la course, un moment de tension où le nageur ajuste nerveusement ses bonnets. Oui, au pluriel, parce que parfois il en a mis deux. L'un sur l'autre. Pour quelle raison ? quel avantage ?

Benoîtement, on subodore que superposer les bonnets de bain augmente le volume du crâne dans l'eau, ce qui a comme conséquence de ralentir le nageur. Il n'en est rien. Enfin si. Mais cela se joue ailleurs.

Le premier bonnet est en latex, il est utilisé pour plaquer les cheveux (surtout s'ils sont longs, chez les filles mais pas seulement) et créer une surface lisse. Mais il a des plis.

Le second bonnet, généralement en silicone, ne fait quasiment pas de plis. Il crée une forme de bulle autour de la tête, réduisant la résistance à l'eau. Moins il y a de plis, moins le nageur est freiné, donc plus il va vite ! Additionnez les deux : le bilan est globalement positif. Cela améliore l'hydrodynamisme.

Mais il y a une autre raison à l'ajout d'un second bonnet : une meilleure vue sous l'eau. Oui ! Les deux bonnets aident à bien maintenir les indispensables lunettes de natation, à l'instant le plus risqué, le plongeon, mais aussi lors des virages et des coulées, là où elles risquent de glisser. Le premier bonnet offre une surface rugueuse sur laquelle la lanière s'agrippe, tandis que le second maintient l'ensemble fermement en place. Tous les nageurs vous le diront : perdre ses lunettes pendant l'effort est un handicap quasiment insurmontable. Un peu comme perdre un bâton au ski, ou un étrier en équitation ; on finit le parcours, certes, mais pas à la place qu'on aurait obtenue sans cette perte.

Une part de superstition n'est pas à exclure. Certains nageurs se sentent plus à l'aise avec deux bonnets parce que cela leur donne une sensation de sécurité, donc de la confiance en eux.

Ce n'est pas non plus une loi d'airain. Le Français Léon Marchand, nouvelle star de la natation mondiale, porte un seul bonnet, contrairement à son idole, l'Américain Michael Phelps, le sportif le plus médaillé de l'histoire des JO avec 28 médailles dont 23 en or. Il est le seul nageur à avoir conservé un titre sur quatre olympiades consécutives, au 200 mètres 4 nages. C'est lui qui a popularisé la mode des deux bonnets.

Inversement, Popov détonnait dans les bassins, car il nageait non seulement tête nue, mais avec ses cheveux – je précise parce que certains nageurs choisissent de se raser entièrement la tête. Cela n'a pas empêché le Russe de remporter quatre fois l'or : un doublé 50 mètres/100 mètres nage libre pour ses premiers JO en 1992, suivi du même doublé à Atlanta en 1996 !

Rien d'illégal. Le port du bonnet n'est pas obligatoire en compétition, contrairement à la piscine municipale.

Jusqu'à preuve du contraire…

Pourquoi le foot se joue-t-il à onze ?

Le football aux JO, ça promet ! Les matchs débuteront dès le 24 juillet dans six villes (Bordeaux, Lyon, Marseille, Nantes, Nice, Saint-Étienne) jusqu'à la finale le 10 août au Parc des Princes.

Qui peut participer ? Sans distinction amateurs/professionnels, les joueurs de moins de 23 ans (la France rêve de Mbappé), plus trois joueurs qui dépassent la limite d'âge (on pense au gardien de but). Il y aura 16 équipes d'hommes et 12 équipes de femmes. Mais toujours onze par équipe.

Contrairement à ce que l'on pourrait croire, ce ne sont pas les Anglais qui ont eu les premiers l'idée de taper dans une balle avec les pieds. Deux mille ans avant l'invention du 4-4-2, les Grecs, puis les Romains et même les Chinois s'y amusaient déjà, mais il s'agissait davantage d'un jeu que d'une compétition.

À la fin du xve siècle, la région de Florence voit naître une version très virile entre villageois, qui disparaîtra deux siècles plus tard, mais qui donnera son nom italien au football : le Calcio.

Le foot tel que nous le connaissons – avec deux équipes et un but de chaque côté – trouve son origine au XIIe siècle en Normandie et en Angleterre et s'appelle alors la soule. Le ballon de cuir apparaît au XVIe siècle. Pour le reste, chaque village se débrouille avec ses règles locales non codifiées.

En 1835, le *Highway Act* britannique interdit de jouer au foot sur les routes et les chemins du royaume. Les joueurs se replient sur un terrain clos. Et c'est dans les collèges anglais que va naître le football moderne : Eton, Harrow, Westminster, Winchester, etc. Chaque collège a ses propres règles. Le nombre de joueurs varie, la taille des buts aussi.

Une constante se dessine pourtant peu à peu : pour des raisons pratiques, et pour renforcer l'esprit de cohésion des adolescents, les équipes étaient constituées par dortoirs (les collèges huppés étaient alors des pensions). Or chaque dortoir comptait dix élèves. Donc on jouait à dix contre dix.

La tactique était simple, tout le monde jouait en attaque !

Personne ne voulait défendre. Pour compliquer la tâche, il fut décidé de placer un gardien dans les buts, qui avait le privilège d'attraper le ballon à la main. Oui mais personne ne voulait de ce rôle ingrat, alors on désigna le surveillant de chaque dortoir. À lui de faire le « *goal keeper* ».

10 + 1 = 11.

Jusqu'à preuve du contraire…

Pourquoi le drapeau de la Grèce est-il bleu et blanc ?

Quel symbole ! C'est le premier drapeau que l'on va admirer lors de la cérémonie d'ouverture des JO de Paris. Comme chaque fois. Bleu et blanc, avec une croix en haut à gauche et neuf bandes de ces deux mêmes couleurs. Le drapeau grec ouvre traditionnellement le défilé des athlètes. Derrière la nation qui a inventé les Jeux suivront toutes les autres, dans l'ordre alphabétique de la langue du pays qui les reçoit, et enfin le pays hôte, la France, pour clore ce long trajet.

Mais pourquoi le drapeau de la Grèce est-il bleu et blanc ? Aux touristes, il rappelle le bleu du ciel et le blanc des maisons traditionnelles.

Les explications données par le ministère des Affaires étrangères grec mettent plutôt l'accent sur une autre partie de l'histoire. Lisez plutôt : « Le bleu et le blanc sont les couleurs nationales de la Grèce, le bleu symbolisant le ciel et la mer et le blanc la pureté de la guerre d'Indépendance grecque. La croix représente la religion chrétienne. Les neuf bandes bleues et blanches horizontales du drapeau symbolisent les neuf syllabes de la devise grecque : ελευθερία ή θάνατος (la liberté ou la mort). »

La Grèce est redevenue une démocratie en 1974, rompant avec la « dictature des colonels ». Auparavant, le pays a acquis son indépendance en 1830, après huit années de combats acharnés contre l'Empire ottoman. Ce sont les interventions de pays européens (France, Royaume-Uni et Russie) qui permirent à la Grèce de finalement vaincre son oppresseur, et ces trois pays lui imposèrent un roi d'origine bavaroise, Othon Ier. Lequel commença son règne par l'établissement d'une monarchie absolue ! (Après un coup d'État en 1842, il fut tout de même contraint d'accepter une monarchie constitutionnelle.)

Évidemment, qui dit « nouvel État indépendant » dit « nouveau drapeau », et la responsabilité de le choisir est revenue à Othon Ier. Il s'est appuyé pour ce faire sur des drapeaux existants. Or, la plus ancienne bannière liée à la Grèce est celle des Spachides, une croix bleue sur un fond blanc, au XVe siècle, nous apprend la Société vexillologique de l'Ouest (la vexillologie est la science des drapeaux et étendards).

Par la suite, plusieurs versions sont déclinées : avec la croix chrétienne (par opposition aux musulmans ottomans), ou le rouge révolutionnaire, des aigles bicéphales (symbole répandu dans la région, hérité de l'antique Empire byzantin), le noir combattant. Au début de la guerre d'Indépendance, en 1822, un décret remet de l'ordre dans tout cela. Trois drapeaux subsistent, celui de l'armée de terre, avec la croix de Saint-Georges, bleue, sur fond blanc ; celui de la marine marchande, avec cette même croix, mais en haut à gauche, sur fond bleu ; et celui de la marine militaire, avec la croix au même endroit et neuf rayures.

C'est finalement le drapeau de la marine militaire qui sera retenu comme drapeau national par Othon Ier. Pour lui, le choix est évident : le bleu et le blanc sont les couleurs de sa Bavière natale. N'en déplaise à la fierté grecque.

Ces deux couleurs se baladent sur les routes du monde entier. Ce sont celles des célèbres automobiles de la « Manufacture bavaroise de moteurs », en allemand : Bayerische Motoren Werke, autrement dit : BMW !

Vous voulez en avoir le cœur net ?

Allez dans un garage BMW, vous y trouverez un peu de graisse et un peu de Grèce.

Jusqu'à preuve du contraire…

Pourquoi les joueurs de rugby ont-ils un petit boîtier sous leur maillot ?

Vous avez sûrement repéré ce renflement sous la nuque épaisse des rugbymen, en haut du dos : un petit rectangle entre les omoplates.

Cette protubérance cache un boîtier connecté. L'appareil, bourré d'électronique, ressemble à un gros bip de parking, avec une forme oblongue aux contours arrondis, telle une savonnette. Il est installé dans un étui de protection, lui-même glissé dans une petite poche cousue au maillot, au-dessus du numéro du joueur. Pas plus de 70 grammes, et il est protégé par les muscles, trapèzes et deltoïdes, de sorte à ne pas gêner le joueur dans ses mouvements, ni le blesser sur les phases de jeu au sol ou en cas d'empilement.

Non, ce n'est pas un mouchard pour aider les arbitres.

Ce dispositif enregistre toutes les constantes du joueur au fil de la partie. La position sur le terrain, la vitesse et les accélérations grâce à un GPS, mais aussi la fréquence cardiaque, la tension artérielle, et toute donnée qui aide entraîneurs et sélectionneurs à affiner leur stratégie. Outre leur utilisation pendant le match, ces données sont analysées le reste du temps pour adapter l'entraînement de chacun et représentent un élément prédictif de choix. À chaque minute de la partie, le staff connaît exactement l'état de forme et le rendement de chaque joueur, quand celui-ci est le plus efficace, ou au contraire à quel moment il a atteint ses limites (chacun a les siennes).

Ces boîtiers ont fait leur apparition il y a une dizaine d'années, d'abord dans l'hémisphère Sud, Australie et Nouvelle-Zélande, deux terres de rugby par excellence. Le reste du monde ovale a suivi. Vous l'avez compris : dans le rugby moderne, les joueurs sont surveillés comme des moteurs de course.

« Ce n'est pas une finalité en soi, on n'oppose vraiment pas l'humain et la data », assure Jérémy Cheradame, le *data scientist* du XV de France et aussi de l'équipe de rugby à VII présente aux JO. « Les deux approches sont complémentaires et aident justement les coachs dans leur process de prise de décision »[1].

Voilà qui peut faire taire ce cliché mille fois entendu depuis les tribunes : Il faut mouiller le mail-

1. TF1, 27 septembre 2023.

lot ! Vous connaissez cette sempiternelle sommation des supporteurs envers leur équipe. En gros : Plus tu transpires, plus on marque des points.

La réalité est plus nuancée, voire inversée. Les statistiques montrent que l'équipe qui gagne n'est pas celle qui court le plus sur l'ensemble d'un match – autrement dit qui mouillerait le plus le maillot –, car la plupart des courses sont des phases de replacement. La gagnante, c'est le plus souvent celle qui a parcouru le moins de kilomètres, vu qu'elle s'économise. Corollaire : la victoire revient à celle qui galope le plus à grande vitesse dans les phases d'attaque ou de conquête du ballon, au moment où un seul km/h peut faire la différence avec l'adversaire (il ne s'agit pas de courir partout, mais d'être le premier sur la balle).

Rassurez-vous, de l'avis de tous les intervenants de ce sport, il reste au-delà des données chiffrées des qualités inquantifiables chez les joueurs, des éléments qui font la différence : vision du jeu, ruse, sens de l'esquive, adresse, générosité, courage, esprit d'équipe.

Il y a plus d'un siècle, Pierre de Coubertin écrivait : « La partie la plus cérébrale du jeu – de loin la plus importante – demeure invisible ; c'est donc que le muscle y sert d'écran à l'intelligence. »

Rien de tout cela ne s'enferme dans un boîtier.

Jusqu'à preuve du contraire…

Pourquoi les stars brésiliennes ont-elles des noms de stars brésiliennes ?

Connaissez-vous la panthère noire ? La judokate brésilienne Mayra Aguiar a été rebaptisée « Pantera Negra » en raison de son style de combat. Quand elle a conquis sa première médaille d'or aux Jeux panaméricains de 2007, la presse a titré sur la victoire de la Pantera Negra, sans mentionner son vrai nom. Triple championne du monde, elle a également remporté 3 médailles olympiques (de bronze), en 2012 à Londres, en 2016 à Rio, et en 2021 à Tokyo. On devrait la voir à Paris.

Neymar aussi sera aux JO ! La star du foot, passée par le Barça et le PSG, est désormais le parrain de l'équipe brésilienne de dressage. Oui, c'est de l'équitation. Malheureusement, son équipe de foot a été éliminée par l'Argentine en février dernier.

Mais Neymar n'est pas le fils de M. et Mme Neymar, contrairement à Lionel Messi, fils de M. et Mme Messi (Jorge et Célia, de Rosario, en Argentine). Neymar est son prénom. Son nom de famille est Da Silva Santos. Sur son maillot, il a fait floquer Neymar Jr. Jr, comme Junior, car il est le fils de Neymar Senior, lui-même ancien joueur pro brésilien. C'est compliqué ? Pas plus que le cas de Pelé, peut-être le meilleur joueur de tous les temps, qui s'appelait en réalité Edson Arentès Do Nascimento. On peut aussi citer Zico, Socrates, Raï et même Kaka, qui sont des surnoms.

Cette coutume ne se limite pas aux footballeurs, elle touche toutes les stars du sport brésilien. Et même les stars tout court. Pour quelle raison ?

Elles sont multiples. Le Brésil a connu une immigration portugaise très importante. Or il se trouve que le Portugal abrite relativement peu de noms de famille différents : ce sont même souvent des combinaisons de deux noms (Santos Da Cruz). Un épisode historique a également sa responsabilité. Quand les Juifs furent expulsés d'Espagne en 1492, beaucoup s'installèrent au Portugal. Mais cinq ans plus tard, le roi Manuel leur demanda de se convertir au catholicisme ou de quitter le pays. Beaucoup de Juifs décidèrent alors de se faire baptiser (on les nomme les « marranes »). À cette occasion, on changea leur patronyme. L'inspiration fut bucolique : souvent des noms d'arbres. Voilà pourquoi au Portugal on trouve tant d'Oliveira (olivier), Pereira (poirier), Pinheiro (pin), ou plus généralement Da Silva (de la forêt).

Ajoutez à cela une loi statistique : à long terme, mariage après mariage, naissance après naissance, les noms rares ont tendance à disparaître, donc les noms les plus répandus à se répandre encore plus. Transposée au Brésil, la tendance fut aggravée par le fait que ce furent en majorité ces « nouveaux chrétiens » qui tentèrent l'aventure du nouveau monde.

Bref, les états civils sont à rallonge et se ressemblent. Alors les Brésiliens ont pris l'habitude de n'utiliser leur patronyme complet que dans les documents administratifs, et dans la vie quotidienne de se désigner par leur prénom (s'il est un peu rare), et le plus souvent par leur surnom. C'est l'*apelido.*

Pour certains chercheurs, ces usages auraient été répandus à cause d'un illettrisme historiquement élevé. Une autre hypothèse voit là un héritage de l'esclavagisme, aboli tardivement au Brésil, en 1888.

Nous voici maintenant au XXe siècle. Le football est devenu le sport national brésilien. Dans les matchs du dimanche, il y a parfois trois Sousa et cinq Da Silva sur le terrain. Imaginez l'embarras des commentateurs ! Les surnoms sont donc apparus sur les feuilles de match, puis sur les maillots.

Vous ne connaissez peut-être pas Luiz Inácio Ferreira Da Silva, mais vous connaissez son surnom : Lula. C'est le président brésilien. Lula est le diminutif de Luiz. L'homme d'État a d'ailleurs officiellement intégré son *apelido* à l'état civil.

Et il est nul en judo.

Jusqu'à preuve du contraire…

Pourquoi l'emblème de la France est-il le coq ?

Allons z-enfants de la pa-tri-i-eu…
Ça vous manque ? Aux derniers JO (c'était à Pékin, hiver 2022), la France a remporté 5 médailles d'or. On a donc pu entendre cinq fois *La Marseillaise*. (Au passage, petite info avant de perdre des paris : sur le podium, on ne joue pas les hymnes pour les médailles d'argent et de bronze.)

On a l'image : les champions et championnes tricolores avec leur coq sur la poitrine. Le coq sportif. Oui, car la marque française a décroché en 2020 le contrat d'équipementier de la délégation française d'athlètes aux Jeux olympiques et paralympiques.

La firme a été créée en 1882 à Romilly-sur-Seine, dans l'Aube. D'abord simple bonneterie, elle fabrique ses premiers vêtements sportifs ornés d'un coq en 1947. C'est la fille du fondateur, Mireille Camuset, devenue PDG, qui crée et dépose la marque « Le Coq Sportif, bonneterie sportive romillonne ».

1947, c'est récent au regard de notre histoire.

Le premier document dans lequel le coq représente la France est une médaille de 1665 pour la libération du Quesnoy. On peut y lire cette inscription : « Le coq français met en fuite le lion espagnol. » Sous la monarchie de Juillet et la IIe République, le coq devient emblème officiel et apparaît sur les drapeaux des régiments. Il figure sur le sceau de la République depuis 1848 : la Liberté assise tient un éventail orné d'un coq.

Drôle d'idée d'avoir élevé le mari de la poule au rang de symbole de la nation : c'est un volatile arrogant, braillard, paniquard. Pas plus haut que le genou d'une vieille, il sait à peine voler.

Nos chers amis anglais ont trouvé une explication : les Français ont choisi le coq comme porte-drapeau parce que c'est le seul animal qui soit capable de chanter les deux pieds dans la merde…

Erreur ! Ce n'est pas une question de comportement, mais un glissement de vocabulaire.

En latin, *gallus* signifie à la fois « coq » et « gaulois ». C'est aussi simple que ça. Un jeu de mots latin. Exactement comme si on avait choisi une lance pour symboliser la ville de Lens. Ou un casse-croûte pour les îles Sandwich. Ou un jeu de fiches pour le canal de Bristol.

En réponse aux Rosbifs, cette opinion de Cocteau : « Qu'est-ce que la France, je vous le demande ? Un coq sur un fumier. Ôtez le fumier, le coq meurt. C'est ce qui arrive lorsqu'on pousse la sottise jusqu'à confondre tas de fumier et tas d'ordures. »

Ils apprécieront.

Jusqu'à preuve du contraire…

Pourquoi les balles de golf ont-elles des trous ?

Vous l'ignorez peut-être, mais le golf est un sport olympique. Il était déjà présent lors de la IIe Olympiade (Paris, 1900) et de la IIIe (Saint Louis, USA, 1904). Puis il a disparu du programme, avant de revenir un siècle plus tard aux JO de Rio en 2016.

À Paris, les épreuves de golf se dérouleront du 1er au 10 août à Guyancourt sur (je cite la plaquette officielle) « l'un des sites golfiques les plus prestigieux d'Europe, au Golf National ».

Si vous avez déjà joué au golf ou eu la chance de croiser un golfeur (ils ont souvent un porte-clés en forme de balle), vous avez noté que les fameuses balles blanches sont constellées de petits trous. Les Anglais les nomment des « fanettes ». En France, on dit des « alvéoles ». Des deux côtés de la Manche, le règlement exige qu'il y en ait 384. Pile poil.

À quoi servent ces 384 alvéoles ? Certainement pas à faire joli, les golfeurs sont par tradition des gens trop sérieux pour s'arrêter à un détail esthétique.

Ils négligent également le côté antidérapant de l'ustensile. Récupérer à terre une balle de golf, serait-elle lisse comme un savon sous la pluie, ne présente aucune difficulté ; c'est ce qui la distingue du ballon de rugby.

Le golf a été inventé par les Britanniques aux alentours du XIIIe siècle. Le premier club fut fondé en Écosse en 1744. À l'origine, et jusqu'en 1908, les balles étaient lisses. Cette année-là, un industriel et joueur américain dénommé William Taylor perd son calme sur le green, excédé de voir sa balle slalomer dans les airs après chaque drive. Il entreprend des recherches pour améliorer l'aérodynamisme de la petite sphère.

Après avoir essayé des dizaines de solutions, il découvre que la structure en alvéoles améliore la rotation uniforme de la balle. En clair : elle file droit dans les airs après avoir été frappée. Tout en tournant sur elle-même. Enchanté, il fait connaître sa découverte au monde du golf. Qui l'adopte.

Depuis, la physique et les mathématiques se sont emparées du sujet. Si étrange que cela puisse paraître, la trajectoire d'une balle dans l'air est d'une grande complexité scientifique. Résumons à grands traits.

Outre la pesanteur, il y a deux autres forces qui agissent sur une balle de golf en vol en rotation sur elle-même : la portance et la traînée. La portance est une force qui s'oppose à la gravité. Elle est générée par la rotation de la balle dans l'air (aux alentours de 2 000 tours par minute). L'air qui passe au-dessus de la balle est accéléré, ce qui crée une pression plus faible que celle de l'air qui passe en dessous. Cette différence de pression crée une force de portance qui soulève la balle vers le haut (c'est aussi le principe d'une aile d'avion).

La traînée est une force qui s'oppose au mouvement de la balle dans l'air. Elle est due au frottement de l'air sur sa surface. Les alvéoles aident à réduire la traînée, car l'air s'écoule plus facilement autour des alvéoles qu'autour d'une surface lisse. Cela permet à la balle d'aller plus vite, donc plus loin, et surtout – ce que recherchait William Taylor – de manière plus stable.

Depuis 1905, d'autres types de sculptures ont été testés, mais sans remettre en cause la supériorité des balles à fanettes. Les alvéoles font partie du règlement des deux principaux organes régulateurs du golf au niveau mondial, le Royal & Ancient (R&A) et la United States Golf Association (USGA), en vigueur pour les JO.

Cependant, une question demeure : pourquoi Tintin porte-t-il des culottes de golf, alors qu'il n'y joue jamais ?

Jusqu'à preuve du contraire…

Pourquoi la France est-elle si forte en judo ?

Japonais d'origine, le judo est né à Tokyo en 1882. À des milliers de kilomètres de la patrie du kimono, la France est pourtant la deuxième puissance mondiale dans ce sport, loin derrière le Japon, mais loin devant la Corée du Sud et la Russie. Puis suivent toutes les autres nations.

Le judo est sport olympique depuis 1964 et les Jeux de… Tokyo. Depuis, les athlètes français ont rapporté 57 médailles olympiques : 16 en or, 13 en argent et 28 en bronze. Le Japon reste le pays qui a remporté le plus de médailles, mais le judoka le plus titré au monde est un Français : Teddy Riner, avec 5 médailles (3 en or et 2 en bronze) et 11 titres mondiaux. D'autres Français ont un palmarès impressionnant, comme David Douillet, quatre fois champion du monde, ou Clarisse Agbegnenou, six fois championne du monde.

Pourquoi de telles réussites au pays du cassoulet et du jeu de paume ?

La Fédération française de judo a été créée en 1946. Les premières médailles françaises sont arrivées dès Tokyo 1964. Jean-Paul Coche, Jean-Jacques Mounier et Jean-Claude Brondani ont chacun remporté du bronze. C'est un cercle vertueux : des médailles poussent les jeunes à choisir ce sport, et un afflux de licenciés augmente les chances d'avoir ensuite des champions.

Peu à peu, on a ouvert des dojos dans la plupart des villes de France, et même dans les gros villages. Désormais, on compte 604 000 licenciés en France, pour 5 547 clubs.

Autre chiffre significatif : le ratio licenciés/population. Plus il est élevé, plus les résultats sont bons. Pour une population de 67,75 millions, le ratio est de 1/112, c'est-à-dire 1 judoka pour 112 Français. À titre de comparaison, au Japon, c'est 1 licencié en judo pour 41 habitants (trois fois mieux que nous). Mais en Allemagne, pour 83,2 millions d'habitants, le ratio chute à 1/495 (quatre fois moins bien).

Comme si cela ne suffisait pas, la FFJDA[1] a depuis longtemps mis en place un système de détection des jeunes talents très efficace, grâce à des structures « Pôle espoir » qui débutent chez les cadets (14 à 16 ans).

Bref : ces victoires sont une joie, mais pas non plus un hasard.

Jusqu'à preuve du contraire...

1. Fédération française de judo, jujitsu, kendo et disciplines associées.

Pourquoi, dans les courses à la voile, les concurrents ne mettent quasiment jamais toutes les *voiles dehors* ?

La voile sera bien présente aux Jeux olympiques, dans la Marina de Marseille, avec une dizaine de catégories, dont celle très attendue du catamaran. En 2024, un nouveau bateau, avec des foils, pour aller encore plus vite. Vitesse maximale : 40 nœuds ! (Au fait, pourquoi mesure-t-on la vitesse des bateaux en nœuds ? voir page 263.)

En attendant, il faut répondre à ce mystère : pendant la course, en régate ou au grand large, les marins mettent très rarement « toutes voiles dehors », alors qu'un néophyte penserait que c'est justement ainsi qu'on va le plus vite. Ce n'est pas le cas. Mais pour quelle raison ?

Paradoxalement, dans la plupart des conditions de mer, si vous rajoutez de la toile, donc de la puissance, vous ralentissez. Oui, je sais, ça surprend. Sur une F1 ou une moto, si on rajoute de la puissance, on accélère. Pourquoi pas en mer ?

Parce que le vent arrive très rarement de dos, mais plus souvent de côté. Cet angle entre le vent et la direction du bateau, c'est ce qu'on appelle l'« allure ». Tout cela est éminemment complexe. Pour simplifier, je vais prendre l'exemple des monocoques, mais le principe reste le même avec un catamaran.

Une partie de l'énergie du vent fait avancer le bateau, et une autre le fait pencher. En langage de marin, on dit qu'il gîte. Or, à cause de la forme de la quille, un bateau se met à ralentir s'il gîte au-delà d'une certaine limite. Quand le bateau gîte trop, l'écoulement de l'eau autour de la coque est perturbé : des remous apparaissent, ce qui ralentit le bâtiment.

Voilà donc pourquoi les marins sont toujours en train de monter puis de descendre puis de remonter puis de redescendre les voiles sur un bateau : ils s'adaptent au vent. Pas assez de voile : on perd du temps, normal. Trop de voile : on perd du temps aussi. Il y a donc un compromis à trouver à chaque instant. Et ça prend chaque instant.

De là peut-être la fameuse citation de Kessel : « C'est pas l'homme qui prend la mer, c'est la mer qui prend l'homme. »

Jusqu'à preuve du contraire…

Pourquoi mettre trois buts dans le même match au foot s'appelle le coup du chapeau ?

Quel souvenir ! Platini, 19 juin 1984, premier tour de l'Euro de foot. La France l'emporte 3-2 contre la Yougoslavie. C'est le début de sa marche triomphale vers le titre. C'est la France qui organise l'Euro, et elle va le remporter. Ce soir-là, le numéro 10[1] va réaliser ce que les Anglais appellent le « *hat trick* », le « coup du chapeau » en français.

De quoi s'agit-il ? Tout simplement de trois buts marqués par le même joueur dans le même match. Un exploit que seuls les grands attaquants arrivent à réaliser. Pourquoi ? Parce que les défenseurs les surveillent d'autant plus. Les icônes que sont Messi

1. Hasard ? pas forcément, voir page 221.

et Cristiano Ronaldo ont réussi chacun huit « *hat tricks* » en Champions League, c'est le record. Neymar et Mbappé trois chacun.

Revenons à cette soirée de 1984. Platini réalise ce soir-là ce que les puristes ont baptisé « *the perfect hat trick* », car il marque trois fois de trois manières différentes : pied gauche, tête, pied droit.

Mais pourquoi ce terme, coup du chapeau, très éloigné de l'équipement vestimentaire du football, et même de son champ lexical ?

L'explication qui tombe sous le sens en appelle à la prestidigitation. Les magiciens du ballon rond ? Fausse piste. Elle s'évanouit quand on creuse.

Fouillons ailleurs. L'expression remonte à 1858 et s'attache à une autre discipline, le cricket. Parmi les règles de ce sport, que beaucoup trouvent trop compliquées, le fait de « faire tomber trois guichets » élimine le batteur de l'équipe adverse. Il s'agit d'effectuer trois lancers consécutifs visant les « *bails* » qui surmontent les « *stumps* », c'est-à-dire les témoins horizontaux qui surmontent les piquets verticaux, l'ensemble constituant le guichet. On vous l'avait dit que c'était compliqué…

En 1858, donc, le célèbre joueur de cricket anglais H.H. Stephenson réussit à réaliser cette performance à Sheffield. Une première. Pour marquer l'événement, une quête fut faite en son honneur, comme il était alors d'usage pour les joueurs qui venaient de réaliser une performance hors norme. Selon l'*Oxford English Dictionary*, Stephenson se vit alors remettre un couvre-chef acheté avec l'argent ainsi récolté. Selon une variante du récit, la quête fut menée à l'aide d'un couvre-chef, qui fut ensuite lui aussi offert au joueur pour le féliciter : une prime de match avant l'heure.

Dans les deux cas, ce coup du chapeau a donné son nom à l'exploit !

Le terme sera popularisé mondialement à l'issue de la Coupe du monde de football de 1966, en Angleterre. Le 30 juillet, en finale, le remplaçant Geoffrey Hurst plante trois buts contre l'Allemagne (victoire 4-2 après prolongations).

Hat trick ! L'expression, traduite ou non, fera le tour de la planète foot.

À tel point que d'autres sports la reprendront, parfois pour un geste similaire. Ainsi, en hockey sur glace, lorsqu'un joueur réussit à marquer trois buts d'affilée, il est de mise de lancer son bonnet (ou sa casquette) sur la glace de la patinoire.

Et après, il faut en racheter un.

Le coût du chapeau !

Jusqu'à preuve du contraire…

Pourquoi le système de comptage des points au tennis est-il si compliqué ?

Après Roland-Garros, ne manquez pas Roland-Garros !

En clair, après les Internationaux de France du 26 mai au 9 juin, il y aura le tournoi du 27 juillet au 24 août, toujours dans le stade mythique de la porte d'Auteuil.

Car le tennis est un sport olympique. Il a fait son apparition dès les premiers Jeux modernes, en 1896, à Athènes. Puis il a disparu du programme pendant plus de cinquante ans, notamment à cause de problèmes liés au statut professionnel. Il est revenu en 1988, pour les JO de Séoul.

Ce qui n'a pas changé depuis plus de un siècle, c'est le comptage des points. Zéro, 15, 30, 40, avantage, égalité, avantage, jeu, set et match !

Pourquoi les points ne sont-ils pas comptabilisés 0, 1, 2, 3 ? Pourquoi pas 2, 4, 6 comme au basket ? Pourquoi 15, 30, puis 40, et non pas 45 ? Même pas une progression régulière.

Le tennis est l'héritier d'un jeu ancien, très en vogue au moment de la Révolution : le jeu de paume. Son principe s'apparentait à celui de notre tennis : il y avait un filet, deux joueurs (quelquefois quatre), et une balle qu'il fallait renvoyer de l'autre côté du filet. Non pas avec une raquette, mais avec la main, la paume plus précisément, d'où l'appellation.

Le premier manuel officiel du jeu de paume est celui de Manevieux : *Traité sur la connaissance du Royal jeu de paume*, publié en 1784. Nous en connaissons donc parfaitement les règles.

À l'origine, les points s'additionnaient un par un, en toute logique mathématique. Sauf que le jeu de paume se combinait à celui de « gagne-terrain ». Plus un joueur engrangeait de points contre son adversaire, plus il s'approchait du filet.

Quand il avait remporté son premier point, il avançait de 15 pieds, soit un peu moins de 5 de nos mètres[1]. Pour le deuxième point, il s'approchait encore de 15 pieds (ce qui faisait 30). Quand il scorait une troisième fois, il s'approchait du filet de 10 pieds (ce qui faisait 40). Ensuite, comme il était très proche du filet, il avait beaucoup plus de facilité à passer la balle de l'autre côté ; on disait

1. NB : 1 pied-de-roi = 32,48 centimètres ; 15 pieds = 4,87 mètres ; 10 pieds = 3,25 mètres.

alors que le joueur avait un « avantage » sur son adversaire.

Et voilou : 0, 15, 30, 40, avantage. Le comptage de base du tennis était né.

Au passage, le mot « tennis » est lui aussi issu du jeu de paume. Un jeu si fort prisé des gentilshommes qu'il avait franchi la Manche pour être adopté par les familles les plus huppées d'Angleterre. À Londres, comme à Saint-Pétersbourg, l'usage dans la haute société consistait alors à parler le français plutôt que l'anglais ou le russe. Et « tennis » est une déformation de l'impératif « tenez » qui vous prévenait qu'on allait vous lancer la balle.

Un sport de gentilshommes.

Jusqu'à preuve du contraire…

Pourquoi les vélos de femme n'ont-ils pas de barre au milieu ?

Rien de sexuel, mais c'est peut-être sexiste : le vélo d'homme a une barre au milieu. Plus précisément, le cadre d'une bicyclette pour mâle présente sa barre supérieure parallèle au sol. Sur un vélo de femme, au contraire, la barre du dessus rencontre le tube de la fourche beaucoup plus bas, seulement quelques centimètres au-dessus du pédalier. Parfois plus bas encore, c'est ce qu'on appelle un cadre « en col-de-cygne ».

Pourquoi cette architecture particulière ? Parce que les femmes sont plus petites que les hommes ? Allons allons ! Les différences de taille entre les sexes – si je puis me permettre – ne sont pas suffisantes pour justifier ce schisme. Si c'était une question de taille, les grimpeurs de poche du Tour de France chevaucheraient eux aussi des vélos de femme (le Colombien Esteban Chaves mesure 1,64 m).

La véritable explication tient au fait que les créateurs du vélo étaient de galants hommes ; ou de sacrés machos.

La bicyclette sous sa forme actuelle a été inventée en 1884. C'est l'Anglais Starley qui eut l'idée de la roue arrière motrice grâce à une chaîne. En cette fin de XIXe siècle, les femmes portaient des jupes et des robes. Et les pères de la petite reine n'ont pas voulu que leurs épouses dévoilent jupons, jarretières et culotte en soulevant la jambe pour la passer par-dessus la barre.

L'époque a bien changé. Les vélos de compétition des femmes ressemblent beaucoup à ceux des hommes : même si parfois le cadre est un peu plus bas. Mais ce sont surtout des ajustements à la marge. Beaucoup de championnes courent avec des vélos de garçon, donc unisexes. Exemple, la championne olympique Marianne Vos utilise un Giant TCR Advanced SL, modèle commercialisé comme vélo de route « homme » compétition/haut de gamme.

Toutefois, de nombreuses boutiques en ligne continuent d'utiliser l'appellation « vélo femme » surtout pour des raisons commerciales, comme le référencement Google. Le site Cyclofix a noté les chiffres de 2023 : « Quand on sait que le terme "vélo électrique femme" cumule en France 6 600 recherches mensuelles en moyenne sur les moteurs de recherche et "vélo femme" 3 600 recherches, on aurait tort de se priver de ces catégories. »

Le marketing exploite le filon. Le groupe Giant a créé une marque spécifiquement pour les femmes : Liv. *Idem* pour la marque Santa Cruz avec Juliana.

Vélo Mag s'interroge : « Les vélos pour femmes, bulle marketing ou besoin réel ? » Le magazine canadien analyse : « Pour certaines femmes, l'idée d'avoir un vélo genré est exclue. Elles considèrent cela comme une forme d'étiquetage négatif et ne voudront même pas essayer ce type de vélo, n'adhérant pas au concept qu'elles jugent à la limite dénigrant, comme si on considérait la femme comme une sportive inférieure. Parmi leurs arguments : les vélos genrés sont plus chers à l'achat – encore la fameuse taxe rose – et s'avèrent plus difficiles à revendre. »

Le vélo de Barbie, quoi.

Jusqu'à preuve du contraire…

Pourquoi les courses à pied se déroulent-elles dans le sens inverse des aiguilles d'une montre ?

Revoyez les courses du 400 mètres et du 800 mètres. Ça tourne, on tourne, invariablement sur la gauche. Pour être pédant, on dit que c'est là le sens antihoraire.

La majorité des grands prix de Formule 1 tourne dans le sens horaire, avec une majorité de virages à droite (Monza, Monaco, Spa) mais d'autres sont à gauche (Interlagos au Brésil). En revanche, toutes les courses à pied tournent dans le même sens. Depuis très longtemps. Pas depuis toujours.

Dans le film *Ben-Hur*, les chars romains courent dans le sens antihoraire, et les historiens confirment.

Mais pour les Jeux olympiques ?

La codification des épreuves date des premiers Jeux de l'ère moderne, en 1896. À cette époque, il fut décidé de manière arbitraire que les athlètes courraient dans le sens des aiguilles d'une montre. Très vite, des protestations se sont élevées : ce n'était naturel pour personne. Il fut donc décidé, en 1913, d'inverser le sens des courses.

L'explication avancée, si elle a suffi au Comité olympique, laisse tout de même sur sa faim. Il faudra attendre 2004 pour qu'un chercheur tente sérieusement de comprendre pourquoi les athlètes se sentent plus à l'aise dans ce sens, et de déterminer s'il y a réellement une différence. Le Japonais Hideaki Fukami a fait courir un 400 mètres (qu'on appelle aussi dans le jargon le tour de piste) aux mêmes sportifs, dans les deux sens. Le chronomètre est sans équivoque : les athlètes mettent deux secondes de moins avec la corde à gauche !

Les courses à pied ne sont d'ailleurs pas les seules concernées par cette règle, puisque les jeux collectifs comme le cricket, par exemple, suivent le même sens de rotation. Quelle en est la raison ?

Pour certains esprits pragmatiques, l'habitude de s'entraîner dans ce sens suffit à expliquer les meilleures performances. Oui, mais pourquoi cette habitude, alors ? Parce qu'on se sent mieux ?

Pour M. Fukami, l'explication est effectivement d'ordre physiologique. C'est l'hémisphère droit du cerveau qui dirige la perception de l'espace, la vision serait donc meilleure à gauche. Il avance également que les gens qui prennent la fuite partent naturellement vers la gauche.

On peut ajouter que, la jambe droite étant généralement la jambe d'appel, on est plus à l'aise pour tourner avec une prédominance à gauche.

Jusqu'à preuve du contraire…

Pourquoi les Jeux paralympiques n'ont-ils pas lieu en même temps que les Jeux olympiques ?

Après les cinq anneaux, place aux trois « agitos », symboles de l'événement. Les jeux paralympiques de Paris se dérouleront du 28 août au 8 septembre. Dans la capitale, ils succéderont aux JO (du 26 juillet au 11 août). Je relaye ici l'exaspération des livreurs et des amoureux du sport inclusif : pourquoi pas ensemble ?

Bonne question. Commençons par le commencement : pourquoi et quand a-t-on créé les Jeux paralympiques ?

L'origine est à chercher aux lendemains de la Seconde Guerre mondiale, alors que de nombreux soldats rentrent estropiés des combats. Quand ils ont « la chance » de rentrer.

En 1948, après le désastre planétaire, c'est à Londres que vont se tenir les Jeux. Un neurochirurgien anglais de l'hôpital de Stoke Mandeville, le docteur Ludwig Guttmann, a l'idée d'organiser dans son service un tournoi entre seize militaires amputés. Il pressent que cela va les aider à se reconstruire : leur donner un but, améliorer leur confiance en eux, et aider à l'acceptation de leur handicap. Il s'agit d'une épreuve unique de tir à l'arc, qu'il baptise « Jeux mondiaux des chaises roulantes et des amputés » (World Wheelchair and Amputee Games).

On considère que les épreuves qui se sont déroulées à Rome en 1960, une semaine après les JO, appelées cette fois « 9e Jeux de Stoke Mandeville », sont les premiers Jeux paralympiques[1]. Pourquoi le terme « paralympique » ? Au départ, c'est simplement la contraction de « paralysé » et « olympique » ; mais au fil du temps, de nouveaux handicaps étant représentés – déficiences visuelles, mentales, etc. –, le sens évolue. On se raccroche alors au préfixe grec « para », « à côté de » ; les Jeux paralympiques se déroulant dans le sillage des Jeux olympiques.

Les athlètes sont regroupés par handicap et par sport. Les catégories de handicap sont les suivantes : tétraplégie et paraplégie, séquelles neurologiques assimilables, amputation et assimilé, infirmes moteurs cérébraux, grands handicaps (myopathie), non-voyants et malvoyants.

Il faut noter que certains sportifs pouvant être considérés comme handicapés se frottent pourtant aux « valides ». Par exemple, le Britannique

1. Les premiers Jeux paralympiques d'hiver auront lieu en 1976 en Suède, à Örnosköldsvik, alors que les JO « valides » se sont tenus cette année-là à Innsbruck en Autriche.

Archibald Stinchcombe ne voyait que d'un œil. Cela ne l'a pas empêché de remporter l'or avec son équipe de hockey sur glace aux JO d'hiver de Garmisch-Partenkirchen en 1936. Marla Runyan, qui avait déjà moissonné les titres paralympiques (5 médailles d'or en 100 mètres, 200 mètres, 400 mètres, saut en longueur et heptathlon à Barcelone en 1992 et à Atlanta en 1996), court avec les valides à Sydney en 2000. Son champ visuel est réduit de 90 %, mais elle se qualifie pour la finale du 800 mètres où elle termine à la 8e place.

Le cas d'Oscar Pistorius, amputé des deux jambes et porteur de prothèses, a créé la polémique. En 2012, le Sud-Africain devient le premier athlète amputé à se qualifier pour les épreuves d'athlétisme des JO. À Londres, il participe au relais 4 × 400 mètres, et va jusqu'en finale. Mais certains reprochent à ses nouvelles prothèses en fibre de carbone, ultra-rebondissantes, de lui conférer un avantage sur les athlètes valides.

On ne saura jamais s'il aurait pu participer aux Jeux suivants, à Rio. En février 2013, il est inculpé pour le meurtre de sa compagne et se retrouve en prison, mais c'est une autre histoire.

Depuis Séoul 1988, les Jeux olympiques et paralympiques d'été se déroulent dans la même ville. Mais à des dates différentes. En général deux semaines plus tard. Pour quelle raison ?

Explications du président du Comité d'organisation de Paris 2024, Tony Estanguet : « C'est un débat qui revient souvent. On s'est rendu compte que, si on avait voulu le faire en même temps, il aurait fallu doubler le nombre d'infrastructures puisqu'il y a deux fois plus d'athlètes avec des compétitions alors que là, on optimise les infrastructures en les utilisant à des moments séparés[1]. »

Le Comité d'organisation des Jeux olympiques et paralympiques de Paris estime que l'opération nécessiterait un village olympique de 26 000 lits (au lieu de 16 000), un service de transports capable d'absorber presque autant de personnes, dont environ 2 000 en fauteuil. Il faudrait que l'ensemble des installations soit doublé, soit construire un stade et une piscine supplémentaires ! Que deviendraient ces équipements ensuite ?

L'ancien champion de canoë met aussi en avant l'exposition médiatique des champions : « Quand vous tombez le même jour que Teddy Riner, on ne parle pas de vous. Si on veut valoriser les athlètes paralympiques, il faut avoir un vrai espace de médiatisation à part. Ce n'est pas le souhait du monde paralympique d'être en même temps. »

Pour le président du Comité international paralympique, Andrew Parsons, le risque serait que les performances des sportifs paralympiques soient reléguées au second plan, derrière celles des médaillés olympiques. Une telle situation « banaliserait ou noierait les performances exceptionnelles de ces athlètes qui méritent toute notre attention ».

Reste une question : pourquoi pas l'ordre inverse, d'abord les Jeux paralympiques puis les Jeux olympiques ?

---

1. RMC, 6 septembre 2021.

Ce n’est pas le souhait du monde paralympique qui préfère bénéficier du tremplin des Jeux olympiques pour lancer la dynamique.

D’autant plus qu’une fois sur place les journalistes ont leurs petites habitudes, et leurs bonnes adresses.

Jusqu’à preuve du contraire…

Pourquoi est-il plus difficile de monter une pente à vélo qu'à pied ?

Les épreuves de vélo sur route des JO auront lieu les 3 et 4 août, en terminant par les femmes. D'abord une très longue boucle au sud-ouest de l'Île-de-France, Versailles et la vallée de Chevreuse, puis un triple circuit urbain dans Paris. Au menu : place du Tertre, la basilique du Sacré-Cœur, la Goutte-d'Or pour rejoindre les hauteurs de la capitale.

Les rampes les plus raides s'élèveront à 6,5 %, notamment rue Lepic, pour atteindre la butte Montmartre. C'est pas le Tourmalet, mais allez-y, vous verrez que ça grimpe !

Vous avez déjà fait cette expérience douloureuse dans une grosse côte, ou même dans une rampe de garage un peu raide : ça monte tellement qu'il faut pousser le vélo pour la franchir ! D'autant plus étrange – et vexant – que, sur deux roues, on va beaucoup plus vite qu'à pied, et on se fatigue moins. L'intuition est corroborée par les chiffres.

Dans son ouvrage *Bicycling Science*[1], David Wilson, professeur d'ingénierie mécanique au MIT, a calculé l'efficacité métabolique de différents modes de locomotion[2]. Vélo : 21 % d'efficacité. Marche : 15 %. Marcher en poussant son vélo : 12,3 %.

Pourquoi cette différence suivant qu'on marche ou qu'on roule ?

D'abord, l'invention la plus géniale de l'humanité : la roue. Des pneus qui roulent génèrent beaucoup moins de frottements au sol que des pas. Ensuite il y a l'inertie. Plus vous roulez vite, plus vous êtes soutenu par votre élan. Enfin le plus important : l'efficacité musculaire. Sur un vélo, vos jambes ne servent qu'à avancer, car vous êtes assis sur la selle ; tandis que lorsque vous marchez ou courez, vos jambes servent d'abord à vous soutenir, et ensuite à aller de l'avant. À pied, la progression est ralentie par beaucoup de mouvements parasites, comme le balancement des bras, qui, sur le vélo, restent fixes et ne font donc travailler aucun muscle. Voilà pourquoi, pour la même consommation énergétique, on trace bien plus vite à vélo qu'à pied.

Mais alors, pourquoi le phénomène s'inverse-t-il quand la pente s'incline intensément ? À cause

1. David Wilson, *Bicycling Science*, MIT Press, 2004.
2. En termes de consommation d'oxygène.

du poids de votre vieux bicloune en fonte, façon Vélib' ? Fausse piste.

En dépit de tous ses avantages, la bicyclette souffre d'un défaut que les bambins connaissent bien : elle ne tient pas debout toute seule ! Pour se maintenir en position verticale, le vélo a besoin d'une vitesse minimale (ses roues font alors gyroscope et le stabilisent), disons aux alentours de 5 km/h. Cette vitesse semble faible – elle l'est –, mais, pour la conserver dans une très forte pente, il faut dépenser une énergie considérable, que seuls les cyclistes aguerris ont « sous la pédale ».

Schématiquement, rouler à 5 km/h sur du plat demande seulement une puissance de 6 watts. Pour passer à 18 km/h – la vitesse moyenne à vélo – il vous en coûtera 50 watts. Tout grimpe quand la route monte : 5 km/h sur une pente à 5 % exige déjà 65 watts, à 10 % il faudra 120 watts, et 177 watts sur une rampe à 15 % ! Or cette puissance n'est pas à la portée de tous, surtout sur une longue distance.

Obligation, donc, de poser pied à terre. Et là, il faudra se contenter d'aller très lentement. Et même de s'immobiliser. Puis pousser son vélo. Tranquillement.

Jusqu'à preuve du contraire…

Pourquoi les Américains ont-ils presque tous des noms américains ?

Les États-Unis sont la première nation olympique. Aux derniers Jeux d'été de Tokyo, ils étaient loin devant toutes les autres nations avec 113 médailles, dont 39 en or. En athlétisme, ils ont quasiment remporté tous les relais, dont le plus emblématique : le 4 × 100 mètres, avec Fred Kerley, Marvin Bracy, Trayvon Bromell et Kenneth Bednarek. Mais aussi le 4 × 400 mètres avec Michael Norman, Bryce Deadmon, Randolph Ross et Trevor Bassitt.

Vous avez noté les patronymes ?

Chacun sait ce qu'on appelle un nom anglo-saxon : Donald Trump, Brad Pitt, Johnny Hallyday.

On peut régulièrement croiser Eddy Mitchell à Belleville ou JoeyStarr à Bastille, mais, sur le sol américain, la plupart des Américains ont un nom américain. Voici les patronymes les plus répandus dans l'ordre : Smith, puis Johnson, Williams, Jones, Brown, Davis, Miller, Wilson, Moore, Taylor, Anderson, Thomas, Jackson, White, Harris, Martin, Thompson. Il faut attendre la 18e place pour trouver le premier nom avec une consonance qui ne soit pas anglo-saxonne : Garcia.

En quoi est-ce surprenant ?

Vous allez me dire qu'au Japon tous les gens portent des noms japonais. Certes, mais les États-Unis sont une nation d'immigration. Et contrairement aux Portugais qui ont occupé le Brésil, les anglophones ne représentaient certainement pas la moitié des immigrants. Aux XVIIIe et XIXe siècles débarquaient des colons non seulement d'Angleterre, d'Écosse, ou d'Irlande, mais aussi de Pologne, d'Allemagne, de Roumanie, de Russie, de France également, et beaucoup de Hollande, de Hongrie, d'Espagne, d'Italie, etc.

Les Anglo-Saxons étaient-ils plus féconds que le reste du monde ? Pas du tout.

L'explication est non pas démographique, mais administrative. Au XIXe siècle, au moment de l'immigration massive, dans les ports de New York, Boston ou Philadelphie, à peine les immigrants étaient-ils descendus du bateau qu'un officier d'immigration les obligeait à prendre un patronyme à consonance anglaise. Condition *sine qua non* pour s'installer dans le Nouveau Monde. Sans parler des esclaves arrachés d'Afrique, qu'on a privés de leur nom véritable, pour leur donner une « nouvelle identité ».

C'est la raison pour laquelle Mohamed Ali, le plus grand boxeur de tous les temps, a décidé de se défaire de son nom de baptême. Au-delà même de l'aspect religieux. Il s'appelait Cassius Clay. Il se doutait bien que ses arrière-arrière-grands-parents, esclaves venus du Ghana, ne s'appelaient pas M. et Mme Clay (en anglais, *clay* signifie « argile » ou « terre glaise »).

Il y a aussi l'histoire du vieux Juif débarqué d'Europe centrale qui se demande quel nom choisir. Des amis lui avaient conseillé Rockefeller, pour toutes sortes de raisons, et ça lui avait plu. Mais, au moment où il débarque devant l'officier d'immigration et son registre, il a complètement oublié le nom qu'il devait prendre. Alors il dit « j'ai oublié », en yiddish : « *Schon vergessen* ». Et le fonctionnaire a noté sur son carnet : John Fergusson.

Pourquoi je vous raconte cette anecdote ? J'ai oublié.

Jusqu'à preuve du contraire…

Pourquoi les nageurs portent-ils des lunettes ?

Ce sera l'une des épreuves les plus attendues des Jeux : la natation marathon, une course de 10 kilomètres en eau libre. Les 8 et 9 août au pont Alexandre-III, les athlètes vont nager… dans la Seine ! On ne connaît pas encore l'état de propreté du fleuve, mais tous et toutes auront des lunettes. Au moins pour ne pas se prendre un poisson dans l'œil. Et des lunettes aussi pour les courses en bassin, programmées dans la nouvelle piscine de la Défense Arena.

Pourquoi des lunettes alors que l'eau est parfaitement propre ? Pour nager plus vite ? Pas vraiment, même si leur forme est la plus hydrodynamique possible. Les lunettes servent tout simplement à ne pas voir flou.

Ce qui amène une seconde question : pourquoi voit-on flou quand on regarde sous l'eau ?

Vous avez déjà vécu cette mésaventure. Vous laissez tomber une bague au fond de la piscine. Vous plongez pour la récupérer. Il est presque impossible de la retrouver si vous ne portez pas de masque : les objets n'apparaissent à votre vision qu'une fois que vous avez quasiment le nez dessus. Avec des lunettes, au contraire, depuis la surface, vous pouvez détailler le fond de la piscine, et voir la bague se découper sur le carrelage bleu marine au fond de la piscine sans boire la tasse tchin tchin. Mais je m'égare.

Bref : pourquoi l'eau, transparente par définition, rend tout opaque quand on y plonge la tête ?

À cause de son indice de réfraction, différent de celui de l'air. Pour simplifier les considérations optiques, disons que, lorsque l'œil est plongé dans l'eau, les images se forment non pas sur la rétine exactement, mais en arrière. C'est exactement ce qui arrive aux personnes hypermétropes. Dans l'eau, nous voyons flou comme si nous étions tous hypermétropes !

Le masque de plongée corrige ce défaut, mais occasionne un inconvénient bien connu des scaphandriers : la diminution du champ de vision. Or, dans une course, il est important pour l'athlète d'avoir une idée du niveau où se trouvent ses adversaires, dans les couloirs de droite et de gauche. C'est pourquoi les lunettes utilisées par les pros ne sont pas de simples vitres, mais ont des optiques qui corrigent ce défaut.

Sans parler de la buée. Impossible à éliminer, car c'est un phénomène naturel causé par la différence de température entre l'eau à l'extérieur et l'air à l'intérieur. C'est pourquoi les champions vaporisent une solution antibuée avant chaque course.

Jusqu'à preuve du contraire…

Pourquoi le dérailleur d'un vélo est-il toujours à droite ?

Vous avez vu les vélos des pros ? Pour changer de rapport – mouliner dans les montées, ou enrouler sur le plat –, les commandes sont désormais électroniques. Fini les câbles qui cassent et le dérailleur qui cliquette entre deux pignons. Il suffit d'une petite pression du doigt pour changer de braquet. Une seule caractéristique n'a pas varié : le dérailleur est toujours à droite. C'est une longue histoire.

Après la draisienne (1818), ou le grand bi (1870), la bicyclette moderne, telle que nous la connaissons, avec propulsion par chaîne via la roue arrière, a été inventée en 1884 par l'Anglais John K. Starley.

Le premier dérailleur par système d'engrenage a vu le jour en 1889 sous le nom de « *The Cyclist* », très vite imité et amélioré par d'autres procédés. Sur les premiers modèles, les changements de vitesse s'effectuaient en appuyant sur un levier, qui n'était pas au guidon mais sur le cadre. Et ce levier était très dur à actionner. Il fut donc placé à droite de manière que ce soit la main la plus forte qui le manipule (il y a une majorité de droitiers). En toute logique, le dérailleur a été placé du même côté pour raccourcir la longueur du câble fixé au cadre.

Par ailleurs, les pionniers de la bicyclette perpétuaient la tradition équestre : comme à cheval, ils montaient par la gauche. Avantage supplémentaire d'avoir placé la chaîne à droite : cela évite de tacher le bas de son pantalon, ou une longue jupe, voire ses chaussettes.

En course, le dérailleur a été utilisé pour la première fois sur le Tour de France de 1912, puis banni jusqu'en 1937, avant de ne plus jamais quitter les pelotons. Aujourd'hui, les dérailleurs électroniques offrent en général 24 vitesses, avec deux plateaux et 12 pignons. Oui, 24, comme 2024. On aurait voulu faire exprès, on n'y serait pas arrivé.

Jusqu'à preuve du contraire…

Pourquoi les culottes de golf ont-elles une forme spéciale ?

Vous savez à quoi ressemble une culotte de golf : il suffit d'ouvrir un album de Tintin. C'est une sorte de pantalon, généralement beige, fermé à la hauteur du mollet par un élastique qui le colle à la chaussette. Le modèle est apparu dans les années 1920. Il a été utilisé jusque dans les années 1960. Ce n'est pas spécialement élégant, alors pourquoi avoir choisi cette forme dite « bouffante » ?

Première observation : le golf est un sport de plein air. Quand il pleut, les greens regorgent de gadoue. Donc si les pantalons remontent si haut sur le mollet, c'est simplement pour ne pas les salir en bas.

Voilà pour la hauteur. Mais pourquoi la toile du pantalon est-elle plaquée à la chaussette ? Cette deuxième explication est plus pernicieuse.

C'est que les golfeurs ne sont pas tous des gentlemen. Quelquefois, ils trichent. (Rappelez-vous : le méchant Goldfinger a fait le coup au gentil James Bond.)

Exemple : après avoir tiré – et raté – son coup, le golfeur malhonnête marche vers l'endroit où il aurait aimé que sa balle se trouve. Comme tous les golfeurs, il a sur lui une ou plusieurs balles. À l'aide d'une poche préalablement trouée, rien de plus facile que de faire glisser une balle à l'intérieur de son pantalon, pour la retrouver ensuite à ses pieds dans l'herbe sans que personne remarque rien.

Avec une culotte bouffante, au contraire, pas de tricherie possible. La balle resterait coincée par l'élastique au niveau du mollet.

Aux Jeux olympiques, sauf extraordinaire, la plupart des concurrents porteront un pantalon classique. Normal : impossible de tricher devant toutes ces caméras.

Jusqu'à preuve du contraire…

Pourquoi les courses à la voile démarrent-elles si souvent en retard ?

Au port, ce sont les cafetiers qui en profitent le plus. Ces reports à répétition. Il faut bien passer le temps. Garçon, c'est ma tournée !

La liste est trop longue pour tout citer. Le départ de la Mini Transat 2023 a été reporté de vingt-quatre heures. *Idem* pour le départ de la Route du Rhum 2022, retardé de trois jours. En cause : des creux de 7 mètres dans la Manche. Le Vendée Globe 2008-2009 avait été retardé de douze jours, un record ; la tempête tropicale Xynthia attendait les marins dans l'Atlantique Nord.

Quoi de plus normal que des tempêtes en mer ? C'est un peu comme si on annulait des compétitions de ski à cause du froid.

Question de béotien : si les bateaux de course ne sont pas capables d'affronter la Manche et le golfe de Gascogne, comment pourraient-ils ensuite négocier les quarantièmes rugissants, les cyclones, le cap Horn, ou des creux de 10 mètres au milieu des icebergs ? Impossible alors de stopper la course pour dire : ce soir les gars, vous rentrez les bateaux au port et vous dormez à l'hôtel…

Seconde question de béotien : pourquoi le Vendée Globe et la Route du Rhum choisissent l'automne pour se lancer ? Pourquoi ne pas décaler la course en été pour échapper au mauvais temps ?

En fait, cette solution réglerait le problème pour la partie européenne du trajet, mais pour le reste du parcours, ce serait encore plus dangereux. Dans l'Atlantique, la saison cyclonique va de juin à novembre.

Si étrange que cela puisse paraître, le mauvais temps près des côtes est parfois plus dangereux qu'en plein océan. Près de la côte, la profondeur de l'eau est naturellement moindre, ce qui fait que la remontée de courants, particulièrement dans le golfe de Gascogne, rend souvent la mer plus mauvaise qu'au large. À cela s'ajoute le trafic commercial, très intense dans la Manche, qui multiplie les risques de collision.

Voilà pour les courses au large, mais *quid* des régates, comme les JO, à portée de vue du rivage ?

Là aussi, les reports sont fréquents. Aux derniers championnats du monde de voile à La Haye en 2023, pas moins de quatorze épreuves ont été décalées. Le 12 août, les courses de RS:X ont été reportées en raison de vents forts et de vagues. Et le lendemain, *idem* pour les épreuves d'iQFoil, cette fois pour éviter les orages.

On ne sait évidemment pas ce qui nous attend dans la Marina de Marseille pour les épreuves de voile. À l'heure où j'écris ces lignes, personne ne sait encore ce que sera la météo du 28 juillet au 8 août. Ce qui est certain, c'est que les textes de la Fédération internationale de voile stipulent que « la décision d'un navigateur de participer à une course ou de rester en course relève de sa seule responsabilité ». Il y aurait donc des courageux qui se lancent, et des trouillards qui restent à quai ? Non. Même les têtes brûlées doivent patienter.

Car dans beaucoup de pays, dont la France, la question des assurances et de la responsabilité civile passe avant les décisions personnelles. Chez nous, c'est l'organisateur qui est tenu pour responsable aux yeux de la justice. En cas d'issue tragique, il devra rendre des comptes. Il peut être poursuivi s'il a lancé le départ dans des conditions jugées imprudentes.

Le principe de précaution gagne du terrain partout, même sur l'eau. Tant pis pour le panache. Tant mieux pour la sécurité.

Allez, remettez-nous ça, patron !

Jusqu'à preuve du contraire…

Pourquoi y a-t-il autant de gauchers chez les sportifs de haut niveau ?

Quel est le point commun entre Antoine Dupont, Lionel Messi, Sébastien Loeb et Rafael Nadal ?

Ils ont chacun deux voyelles à leur nom de famille.

Non, je déconne. Ils sont gauchers tous les quatre. Et ils sont légion parmi les champions. Le plus spectaculaire, c'est au tennis, parce qu'on voit bien de quelle main chacun tient sa raquette. Nadal, donc, évidemment, mais l'histoire retiendra aussi Connors, Leconte, McEnroe, et tant d'autres...

Parmi les cent premiers joueurs mondiaux classés à l'ATP, on dénombre un pourcentage de gauchers deux fois plus élevé que la normale (ils sont approximativement 10 % de la population). De 1974 à 1984, les Internationaux de tennis des

États-Unis n'ont été remportés que par des gauchers !

Cette surreprésentation dépasse largement le cadre du tennis. Les gauchers forment presque la moitié des champions d'escrime. Comme Laura Flessel, double championne olympique. En escrime, parmi les vingt meilleures mondiales, douze sont gauchères. En tennis de table, c'est encore plus frappant. Sur les cinquante-deux dernières années, quarante-deux titres de champion de France ont été remportés par des gauchers.

Une étude de 2017 a mesuré pendant six ans la proportion de gauchers présents parmi les cent meilleurs joueurs de tennis, mais aussi de badminton, squash, base-ball, tennis de table et cricket. Résultat : le taux de gauchers est supérieur à 25 %.

Les chercheurs ont noté que, dans certains sports, il y a 2,6 fois plus de chances d'être gaucher quand on s'approche du haut niveau. Quels sports ? Ceux où le temps de réaction est un enjeu. C'est le début de l'explication. Les gauchers ont un temps de réaction légèrement plus court que les droitiers.

Vous savez que le cerveau peut être schématiquement divisé en deux moitiés. Certaines facultés sont commandées en priorité par l'hémisphère droit, et d'autres par l'hémisphère gauche. En l'occurrence, les fonctions linguistiques et intellectuelles sont surtout l'apanage du côté gauche. À l'inverse, la perception dans l'espace et l'appréhension des formes – capacités indispensables à la pratique sportive – sont davantage régies par l'hémisphère droit.

Indépendamment de cela, il se trouve que les réseaux nerveux des commandes motrices sont inversés. Au niveau musculaire, l'hémisphère droit contrôle le côté gauche du corps, et l'hémisphère gauche contrôle le côté droit.

Revenons au tennis. Que se passe-t-il quand un joueur voit débouler la balle de son adversaire ? L'analyse de la scène – trajectoire, vitesse, emplacement de la balle – est assurée par l'hémisphère droit.

Là se présentent deux cas de figure. S'il est droitier, le cerveau du joueur transmet l'information au centre de contrôle de la main droite, c'est-à-dire à l'hémisphère gauche. L'information doit donc passer de la partie droite du cerveau à la partie gauche.

En revanche, s'il est gaucher, c'est l'hémisphère droit qui commande la partie gauche du corps, et notamment sa main gauche qui tient la raquette. C'est donc le même hémisphère cérébral qui traite l'information et transmet la décision.

D'où une meilleure efficacité. Les gauchers sont physiquement plus prompts à réagir que les droitiers. D'un tout petit rien. Mais ce petit rien suffit souvent à faire la différence.

Cette disparité cérébrale laisse planer d'autres mystères. De 10 % au sein de la population, la proportion de gauchers passe à 15 % chez les musiciens. Elle tombe énigmatiquement chez les scientifiques à 4 %. Oui, mais Einstein était gaucher. Et Leonard de Vinci aussi. Mais aussi Jack l'Éventreur.

Aucun rapport avec notre sujet de départ.

Jusqu'à preuve du contraire…

Pourquoi les chevaux peuvent-ils dormir debout ?

Vous connaissez ce cliché western, incarné par John Wayne et Lucky Luke : la nuit tombe, le cow-boy solitaire s'assoupit au coin du feu, blotti dans une couverture. À côté de lui, attaché à un arbre, son cheval reste debout. Et Jolly Jumper de s'endormir sur ses quatre pattes[1].

J'ai longtemps cru que c'était du cinéma. Pas du tout. Les chevaux dorment parfois couchés, parfois debout.

Comme tous les mammifères, comme nous humains, ils dorment selon deux principaux cycles. Une somnolence d'abord, suivie du sommeil lent. La respiration et les battements cardiaques ralentissent, les muscles se relâchent.

1. NB : les cavaliers disent « jambe » au lieu de « patte ».

Vient ensuite le sommeil profond, aussi appelé sommeil paradoxal. Le battement cardiaque diminue encore, les muscles s'abandonnent totalement. Mais, à la différence du sommeil lent, on constate une activité cérébrale irrégulière, presque similaire à l'activité cérébrale pendant l'éveil, accompagnée de mouvements oculaires rapides. Éveil et relâchement, voilà pourquoi ce sommeil est qualifié de « paradoxal ».

C'est pendant le sommeil paradoxal que nous rêvons. Et vous savez quoi ? les chevaux rêvent aussi.

Les chevaux ne peuvent entrer dans une phase de sommeil paradoxal s'ils sont debout, et ce sommeil paradoxal leur est indispensable, comme aux humains. Cela signifie donc qu'un cheval doit passer un certain temps allongé pour dormir.

Très longtemps avant d'être domestiqués par l'homme – suivant les experts entre trois mille et six mille ans avant notre ère –, les chevaux avaient appris à dormir debout pour des raisons de survie. À l'état sauvage, leur seule défense en cas d'agression par des prédateurs consiste à fuir. *Rapido* et surtout *illico*. Ils étaient donc beaucoup moins vulnérables debout, et beaucoup moins susceptibles d'être pris par surprise qu'en étant couchés, surtout pendant leur sommeil.

Reste l'énigme physiologique : comment font-ils ? Pour se tenir droits, les mammifères doivent fournir un travail musculaire. C'est valable chez le chaton comme chez l'homme. Voilà pourquoi il est fatigant de rester longtemps debout, même sans bouger.

Le génie immanent de la sélection naturelle a pourvu les chevaux d'un mécanisme de stationnement vertical dit « par accrochement de la rotule », qui leur permet de reposer leurs membres inférieurs. Cela concerne tous les équidés, par ordre alphabétique, de l'âne au zèbre. L'astuce réside au niveau des os. La rotule vient se placer au-dessus d'un relief particulier du fémur, qui empêche la patte de plier, à la manière d'un cran d'arrêt. Une fois la rotule ainsi bloquée, les muscles peuvent se relâcher ; ils n'ont plus à travailler. Même une tonne de pression ne peut faire fléchir le membre. Au réveil, l'animal pourra à nouveau faire plier sa patte, en contractant un muscle particulier.

Dans quelques cas rarissimes, le cheval ne parvient plus à se « décrocher » de lui-même : le vétérinaire doit alors sectionner certains ligaments pour le débloquer.

Revenons aux Jeux olympiques. Il arrive que l'épreuve d'équitation nécessite un barrage pour départager les *ex aequo* après la première manche, en général dans la demi-heure qui suit. Le cheval, qui a fourni un gros effort, peut être tenté de somnoler. Surtout pas ! C'est là que son groom entre en jeu. Il fait marcher l'animal dans le paddock, afin que ses muscles restent chauds et son rythme cardiaque suffisamment élevé.

Pas de dodo aux JO.

Jusqu'à preuve du contraire…

Pourquoi les cyclistes ont-ils interdiction de mettre des chaussettes de plus de 20 centimètres ?

Désolé. J'ai donné d'entrée de jeu une partie de l'info. Et j'avoue que 20 centimètres, c'est un abus de langage.

Le règlement de l'UCI, l'Union cycliste internationale, a défini très précisément quelle doit être la hauteur maximale de la chaussette du coureur. Elle « ne doit pas dépasser le milieu de la jambe ». Mais comment définir le milieu de la jambe quand le plus petit du peloton (le Colombien Esteban Chaves) mesure 1,64 m et le plus grand (le Norvégien Vegard Stake Laengen) 1,95 m ? La différence entre les deux est de 31 centimètres.

Là ça ne rigole pas. Les plus hautes instances du sport ont légiféré sur le sujet en 2019. Le règlement stipule que les chaussettes ne doivent pas excéder

« la hauteur définie par la moitié de la distance entre le milieu de la malléole latérale et le milieu de la tête du péroné ».

Ouvrons le dictionnaire médical. La malléole externe est la petite boule osseuse que l'on sent au niveau de la cheville. Quant à la tête du péroné, voici sa définition : « La tête du péroné constitue l'extrémité supérieure, ou proximale, du péroné. Elle s'articule avec le bord externe du tibia et se trouve reliée au condyle externe du fémur par le ligament latéral externe. » En clair : juste en dessous du genou.

Ces précisions font que la surface de peau couverte est proportionnelle à la taille des coureurs, ce qui les place sur un pied d'égalité.

Cette sophistication réglementaire a suscité des sarcasmes, certains ont vu là une lubie des juges, et pourtant… Des tests ont prouvé que le gain aérodynamique de certaines chaussettes n'était pas nul : de 3 à 4 watts par rapport à une chaussette classique, ou la jambe nue. Cela semble négligeable, mais qu'en est-il réellement ?

Aux Pays-Bas, l'ancien coureur pro Jasper Ockeloen a créé une marque de chaussettes pour cyclistes : Sockeloen (*sock* signifie « chaussette » en anglais). Il a réalisé des études en soufflerie avec un vélo et un mannequin 3D pour comparer l'efficacité des chaussettes qu'il conçoit au regard de l'avantage aérodynamique qu'elles peuvent procurer. Ses conclusions : « Dans les mêmes conditions de pédalage, il est possible de gagner jusqu'à 6,9 W à 54 km/h, avec un vent de face. » *Cycle Magazine* relativise : « D'autres études parlent de 2 W, mais dans des conditions moins extrêmes, par exemple celles de la marque Castelli. »

Selon le magazine *Bicycling*, un coureur amateur en bonne condition physique est capable de fournir 250 à 300 watts en moyenne sur une durée de vingt minutes. Sur la même période, par exemple une montée de col, un pro peut développer 400 watts !

Restons sur ces 2 petits watts gagnés. Par rapport à une puissance de 400 W, c'est seulement 0,5 %. Certes.

Prenons maintenant le classement du Tour de France 2023. Le maillot jaune Jonas Vingegaard a remporté le Tour en 82 h 5′ 42″. Son dauphin, Tadej Pogačar, était à 7′ 29″ derrière lui[1]. L'écart entre les deux hommes s'élève à seulement 0,15 %. C'est mathématique : un gain de 0,5 % aurait pu faire basculer le classement. CQFD.

Voici pourquoi l'UCI est si méticuleuse sur la question des socquettes.

Mais au fait, en quoi les chaussettes améliorent l'aérodynamisme ?

C'est empirique : le textile sur les jambes permet de lisser le flux d'air autour du cycliste, ce qui réduit la traînée et donc la résistance à l'avancement.

Gain supplémentaire, certaines fibres textiles compriment les jambes de l'athlète, ce qui peut améliorer la circulation sanguine et donc l'apport

1. Vingegaard a passé en trois semaines 295 542 secondes sur son vélo et Pogačar 449 secondes de plus, soit précisément 0,1519 %.

d'oxygène aux muscles, et se traduire par une augmentation de la puissance et de l'endurance.

Certes, quand on escalade un sommet, c'est avant tout la force musculaire et la tonicité qui comptent. Mais dans un contre-la-montre, chaque seconde est précieuse. D'où l'intérêt des détails et des recherches sur les matériaux les plus performants.

Les chaussettes ne sont évidemment pas les seuls éléments de la tenue des coureurs examinés par les juges : ils ont déjà proscrit les combinaisons complètes, tout comme le gel aérodynamique (innovation apportée par l'équipe Lotto-Soudal lors du contre-la-montre par équipes du Critérium du Dauphiné en 2018).

Dernière info *fashionista* : les chaussettes ne sont pas interdites, bien au contraire ; elles sont même indispensables dans les chaussures, pour ne pas se blesser avec les frottements à répétition.

Le pied.

Jusqu'à preuve du contraire…

Pourquoi dans les publicités pour les salles de sport n'y a-t-il presque que des femmes en photo ?

La perspective athlétique des Jeux olympiques vous a peut-être donné envie de vous mettre au sport. Et c'est une bonne chose.

Observez les prospectus et les affiches des salles de fitness. Prenons seulement les campagnes 2024. Basic-Fit : elle soulève des haltères. One Fitness club : elle pousse des poids sur un appareil. Studio Form : elle fait des abdos. Les soirées fitness de Décathlon ? une brune et une blonde en mode étirements.

Vérifiez par vous-même : les visuels des campagnes de recrutement ne montrent quasiment que des filles, alors que ces clubs sont mixtes. Dans les locaux, on croise presque autant de mâles culturistes qui travaillent leurs pectoraux que de midinettes obsédées du step ou fan de zumba. Pourquoi alors leurs publicités ne visent-elles pas les deux sexes, comme pour tous les produits qui s'adressent aussi bien aux hommes qu'aux femmes (clubs de vacances, compagnies aériennes, téléphonie mobile, etc.) ?

La réponse est à chercher du côté du marketing, et du prix de l'immobilier. Pour avoir le droit de brûler ses calories dans une salle de sport, encore faut-il s'y inscrire, et s'acquitter d'une somme à l'année. Et ce n'est pas donné. De 200 à 2 000 euros selon le standing du club (la moyenne française est de 396 euros, avec de grandes disparités et des records pour Lyon et surtout Paris). Une fois inscrit(e), vous ne pouvez évidemment pas y aller tous les jours, même avec la meilleure volonté du monde. Il y a des impondérables. Donc des absences, passagères ou… durables. Si la totalité des abonnés rappliquait tous les jours, il n'y aurait pas assez de place pour les accueillir.

Les comptables ont fait leur métier : les comptes détaillés. Chez les hommes, 10 à 20 % des inscrits ne sont pas assidus ; ils viennent au début, puis s'évaporent dans la nature. Si le club peut accueillir 100 hommes, il peut signer 110 à 120 abonnements avant d'être complet (c'est le principe du surbooking dans les avions).

Mais pour les femmes, c'est beaucoup, beaucoup plus ! Les statistiques révèlent qu'après s'y être aventurée quelques fois, environ une femme sur deux ne met plus jamais les pieds dans la salle où elle s'était pourtant abonnée. Évidemment, sa cotisation annuelle a déjà été encaissée. Les femmes sont donc plus lucratives pour un club : avec 100 places, il peut engranger 200 contrats ! Inutile d'acheter des appareils pour les absentes, ou d'engager des profs supplémentaires, ou de pousser les murs ou d'installer de nouvelles douches pour les accueillir. D'où le recrutement ciblé filles.

Mais pour quel motif ne retournent-elles pas au club alors qu'elles ont bien payé pour s'y inscrire, sans parler du prix de la tenue ? C'est un autre sujet.

Jusqu'à preuve du contraire…

Pourquoi les athlètes italiens sont-ils en maillot bleu, alors que leur drapeau est vert-blanc-rouge ?

L'Italie est une grande nation olympique. Au classement des médailles aux derniers Jeux de Tokyo, elle tenait la 10e place. Quarante médailles au total, 10 en or, 10 en argent, et 20 en bronze. Facile à mémoriser : rien que des multiples de 10 ! Et n'oubliez pas que les Jeux d'hiver 2026 se dérouleront en Italie, entre Milan et Cortina d'Ampezzo.

Non seulement les Italiens jouent en bleu, mais en plus la presse italienne les appelle *gli azzuri*, et la presse française *la squadra azzura*, « l'équipe bleue » ; alors que chacun sait que les vrais Bleus, c'est la France, môssieur !

Blague à part, la plupart des équipes à travers le monde jouent aux couleurs de leur drapeau[1]. Alors pourquoi pas l'Italie ? Pourquoi ce choix d'une quatrième couleur, et ni le vert, ni le blanc, ni le rouge ?

Il faut remonter au début du XXe siècle, aux prémices de l'histoire des compétitions internationales de football. Nous sommes le 6 janvier 1911. L'Italie reçoit la Hongrie à Milan. C'est seulement son troisième match en tant qu'équipe nationale, car les Italiens ne sont entrés dans les compétitions internationales qu'en mai 1910.

Les deux premières rencontres avaient été disputées en blanc, avec des polos rappelant ceux des joueurs de tennis. Mais la Hongrie jouait, elle aussi, en blanc, et les Italiens durent trouver une autre couleur. Ils vont alors choisir celle de leurs monarques : la famille de Savoie. L'Italie ne deviendra une république que trente-cinq ans plus tard, en 1946, date à laquelle elle a adopté son drapeau actuel : vert-blanc-rouge.

Peut-être que le football est très conservateur, ou, plus sûrement, que, la réputation de la *squadra azzura* étant faite, les officiels italiens ont décidé de conserver cette tunique bleue. À moins que ce ne soit pour conjurer le mauvais sort, car, ce jour-là, l'Italie avait perdu 1 à 0.

Tout n'est pas toujours logique dans le sport.

Jusqu'à preuve du contraire…

---

1. Pas toutes les équipes. Voir page 137 : Pourquoi les équipes hollandaises ont-elles un maillot orange ?

Pourquoi fait-on des olas dans les stades ?

Quoi de plus propice à donner des frissons que de voir dans un stade la foule qui se lève de conserve, comme une vague d'enthousiasme ?

Les mouvements de foule de ce type présentent l'avantage d'être joyeux, festifs, et de transmettre l'euphorie de leurs participants. Mais, si spontanée et naturelle qu'elle semble, la ola n'a pas toujours existé. Sa création est même – relativement – récente.

Sa paternité est généralement attribuée à un *cheerleader* américain, Krazy George Henderson. Il explique l'avoir inventée à l'occasion d'un match de base-ball à Oakland, en 1981. C'est en tout cas la première fois que le phénomène est filmé, et donc scientifiquement documenté. Le rôle de *cheerleader* (qui n'est pas réservé aux filles armées de pompons et de jupes courtes) consiste à chauffer les foules avant le coup d'envoi, tout en les faisant patienter. Ce que Krazy George a appelé « *the wave* » passe vite les frontières des États-Unis.

C'est par le football, le *Mundial* 1986 à Mexico, qu'elle touche le monde entier, via la télévision. Elle y acquiert son appellation espagnole (*ola* signifie « vague »). Elle devient si populaire que Coca-Cola la recycle aussitôt dans ses publicités, et étend encore ainsi sa notoriété et sa pratique.

Depuis, le phénomène a été analysé : pour lancer une ola, il faut douze personnes au minimum, sur une largeur de quinze sièges. Elle se déplace à la façon d'une onde, à 12 mètres par seconde (43 km/h), soit une vingtaine de sièges. Les puristes du lexique vous diront que ce n'est pas une vitesse, mais une célérité : c'est le signal qui se déplace à 12 m/s, et non pas les spectateurs qui lèvent les bras au ciel (ils n'ont pas bougé de leur place).

Krazy George l'avait expliqué : il lui avait fallu parcourir la foule du stade, expliquer à chaque section ce qu'il attendait d'elle et faire plusieurs essais infructueux avant que la sauce prenne.

Des chercheurs en « mécanique des foules » se sont depuis penchés sur ce phénomène représentatif de ce que l'on appelle les « systèmes sociaux auto-organisés ». C'est la contagion qui déclenche et entretient la ola, sans qu'un seul individu puisse en être à l'origine. Et il faut que la foule ne soit ni trop amorphe (bien sûr), ni trop excitée non plus, ce qui rendrait les mouvements désordonnés.

Il y a un prérequis pour que la vague fonctionne, de la plus grande importance : il ne faut pas qu'il y ait une action intense sur le terrain. En effet, la ola est l'occupation d'une foule qui attend. Si chaque spectateur est happé par le suspense, la vague ne prendra pas. Pour qu'elle survienne en cours de match, il faut se trouver pas loin du coup de sifflet final et que votre équipe mène largement au score.

La topographie circulaire des stades est propice à sa diffusion, car chacun peut la voir arriver et se préparer à y participer.

Lancer une ola en ligne droite n'est vraiment pas facile. Vous pouvez en parler aux deux animateurs de France 2 qui ont tenté de le faire en direct des Champs-Élysées le soir du nouvel an 2024, et qui se sont pris un énorme vent. Sans vague !

Jusqu'à preuve du contraire…

Pourquoi les chevaux de concours hippiques ne s'enfuient-ils pas en sautant par-dessus leur enclos ?

Les sports équestres s'annoncent somptueux aux JO 2024 ! Et pour cause : les épreuves auront lieu dans le parc du château de Versailles, spécialement aménagé pour l'occasion. Pourvu qu'entre deux passages les cracks ne prennent pas la poudre d'escampette pour aller brouter l'un des 200 000 arbres des jardins, ou l'une des 210 000 fleurs plantées chaque année.

Je plaisante. Les montures resteront bien sagement dans leur box.

C'est une énigme arithmétique et physiologique. La plupart des barrières ne dépassent pas 1,40 mètre, même pour les cracks, alors que dans les concours hippiques, il n'est pas rare que les obstacles affichent une hauteur de 1,60 mètre, 1,80 mètre, ou même 2,05 mètres, comme dans l'épreuve des 6 barres au jumping de Nantes 2008 !

Les chevaux ont largement les capacités physiques pour sauter par-dessus les barrières, d'autant plus qu'ils n'ont alors personne sur le dos (c'est le cas de le dire). Pourtant, ils restent dans l'espace qui leur est réservé.

Bien sûr, ces herbivores aiment le confort de leur territoire.

Bien sûr, il y a l'instinct grégaire du cheval, qui apprécie la compagnie de ses congénères.

Avant les épreuves olympiques, les chevaux dorment dans des boxes et non dans des enclos. Mais il arrive quand même que les chevaux s'échappent de leur box.

Les poulains par exemple sautent très régulièrement les portes lorsqu'elles sont trop basses. C'est la raison pour laquelle on installe souvent des « cols-de-cygne » (des barreaux métalliques en forme de V) sur les portes.

Si les chevaux ne sortent pas de leur box, c'est d'abord parce qu'ils sont empêchés de le faire. Ils n'ont pas suffisamment de recul pour sauter et il n'y a pas assez d'espace entre le haut de la porte et le plafond pour qu'ils puissent passer.

Voilà pour les boxes. Et quand le cheval est au pré ?

Ici, une nouvelle dimension entre en jeu. Si les chevaux ne s'enfuient pas par-dessus les barrières, c'est parce que ces champions sont certes entraînés à sauter, mais toujours avec une selle et un cavalier pour les guider. Livrés à eux-mêmes, ils n'ont pas le réflexe de bondir. Pour parler de manière anthropomorphique, ils n'imaginent même pas que cela soit possible. Ils perçoivent la barrière de l'enclos comme une frontière infranchissable.

À une exception notable près toutefois : quand il y a une jument en chaleur dans le pré d'à côté. Ou inversement chez la femelle, si elle sent la proximité d'un étalon. Hop là !

L'instinct prime.

Jusqu'à preuve du contraire…

Pourquoi les athlètes paraissent-ils plus vieux que leur âge ?

Cela saute aux yeux dans les courses cyclistes : les coureurs, qui ont entre 20 et 30 ans, en paraissent souvent dix de plus. *Idem* au foot, au tennis ou en athlétisme : des corps d'ado, avec des têtes de père de famille. Des rides au coin des yeux, des cernes, parfois même une calvitie qui démarre ou des cheveux blancs qui pointent.

Lance Armstrong, né en 1971, a douze ans de moins que Laurent Romejko, inoxydable présentateur *Des Chiffres et des Lettres*. Et ne me dites pas que c'est le dopage ! Le n° 1 mondial du tennis, Novak Djokovic, a le même âge que Zac Efron, Martin Weill ou Vincent Dedienne ; tous nés en 1987.

Pourquoi cette différence d'apparence chez les champions ?

D'abord leurs conditions de vie. La pratique du sport en plein air, et l'entraînement intensif par tous les temps, accélèrent le vieillissement de la peau : le froid, le vent, mais surtout le soleil sont néfastes. Les UV détruisent les fibres de collagène et d'élastine. Moins souple, la peau se ride.

Le père de la théorie du vieillissement radiculaire, le chimiste américain Denham Harman – qui a vécu jusqu'à 98 ans –, a une explication supplémentaire : le vieillissement est accéléré par les radicaux libres qui agressent nos cellules et causent leur usure prématurée. Le sport pratiqué de manière intense et prolongée impose une surconsommation d'oxygène et donc une surproduction de radicaux libres, ce qui accroît le vieillissement de la peau.

S'ajoute à cela le stress causé au top niveau par la pression du résultat. Le docteur Christophe Bagot, psychiatre et psychothérapeute, spécialiste du stress au travail, a étudié le monde du football : « Les personnalités sont soumises à un stress constant de performance. Or, le stress est un facteur de vieillissement précoce à tous les niveaux de l'organisme. Il affecte la qualité des ongles, provoque la calvitie, vieillit la peau ; autant de facteurs qui donnent un aspect plus âgé. »

Il y a aussi la question de la masse corporelle. Vous observerez avec moi qu'il y a très peu de champions en surpoids, encore moins obèses. Quel rapport ? Eh bien la maigreur creuse les joues, ce qui occasionne parfois un aspect maladif.

Certes, à l'inverse, le sport conserve. Mais à dose raisonnable, pas six heures par jour onze mois sur douze. « Tout excès est nuisible », disait le philosophe romain Sénèque. Il aurait atteint les 70 ans.

Jusqu'à preuve du contraire…

Pourquoi les équipes hollandaises ont-elles un maillot orange ?

Les Pays-Bas sont relativement modestes en termes de population (seulement 17,8 millions d'habitants), mais ils sont une grande nation olympique. Aux JO de 2021 à Tokyo, ils ont été la septième délégation avec 10 médailles d'or, classés dans l'ordre devant la France, l'Allemagne, l'Italie et le Canada. Rien que ça !

Rapportée à sa démographie, la Hollande a rapporté une médaille pour 477 000 habitants. À comparer avec la France : 2 millions ; les États-Unis : 2,9 millions, ou la Chine : seulement une médaille pour 16,4 millions d'habitants.

Leur drapeau est bleu-blanc-rouge, comme le nôtre. Sauf que, chez les Français, les trois bandes sont verticales, et horizontales chez les Hollandais. Mais impossible de les confondre avec des Français sur les stades : ils sont en orange.

Pourquoi cette étrangeté ?

Historiquement, le territoire des Pays-Bas est une réunion de plusieurs régions. Le nom du comté de Hollande, par exemple, est apparu au XIe siècle. Au XVIe siècle, sept provinces gagnent leur indépendance : les « Provinces-Unies ». Au fil des années, toutes ces provinces se sont agrégées pour se réunir en un seul royaume, fondé en 1814, avec à sa tête Guillaume Frédéric d'Orange-Nassau.

C'est aujourd'hui une monarchie constitutionnelle, mais le droit de succession reste un privilège des héritiers de Guillaume Ier. La famille régnante a donc pour patronyme Orange-Nassau. L'actuel souverain, le roi Willem-Alexander, couronné le 20 avril 2013, se nomme donc Willem-Alexander d'Orange-Nassau.

Vous devinez la suite. Au milieu du XVIIe siècle, le drapeau tricolore a remplacé les couleurs de la famille d'Orange, mais à l'ère moderne, quand il s'est agi de réunir tout un peuple, et non des provinces éparses, les équipes nationales sportives ont choisi comme couleur l'appellation royale : Orange.

Jusqu'à preuve du contraire…

Pourquoi le basket ou le handball se jouent-ils en salle, même en plein été ?

Avis aux fans ! Les épreuves de basket et de handball se dérouleront sur presque toute la durée des Jeux, du 25 juillet au 11 août[1]. Le hand à l'Arena Paris Sud (porte de Versailles), le basket à Bercy, et les deux sports au stade Pierre-Mauroy de Lille, là où jouent les footballeurs du LOSC, mais avec le toit fermé. Toujours en salle, donc. Vous allez me dire que c'est pour se protéger de la pluie. Merci ! Je n'y avais pas pensé. Trop sympa[2].

1. Le tournoi de basket débutera deux jours plus tard, le 27.

2. Au moment où j'écris ces lignes, les prévisions saisonnières de Météo-France indiquent pour l'été 2024 une tendance légèrement plus sèche que la normale. La probabilité de pluie pendant les JO n'est pas nulle, mais très faible, en dessous de la moyenne de la période, aux alentours de 5 mm de pluie par jour. NB : le terme « pluie par jour » englobe vingt-quatre heures.

Blague à part, beaucoup de disciplines se pratiquent en plein air alors qu'elles pourraient être en salle, bien au chaud toute l'année. En athlétisme par exemple : les sauts, les lancers, les courses de sprint. Alors pourquoi basket et handball font l'inverse ?

À y regarder de près, ce n'est pas un enjeu de surface disponible. La Défense Arena, qui accueillera aux JO la natation et le water-polo, est utilisée le reste de l'année pour les matchs de rugby du Racing Metro en Top 14, avec sa pelouse de 100 mètres de long, sans compter l'en-but.

Même si l'on trouve des terrains de basket un peu partout dans les rues – pas seulement à New York, mais aussi dans les villages de nos campagnes –, quasiment tous les matchs se jouent en salle (sauf dérogation exceptionnelle pour les catégories inférieures). Au handball, on commence à voir fleurir quelques terrains extérieurs, mais les compétitions nationales et internationales se déroulent exclusivement à l'intérieur, comme au basket.

Si ce n'est pas une question de place ou de météo, c'est que l'explication est ailleurs. Non pas financière, mais sportive. Et tant mieux.

Basket et handball sont des sports très rapides, basés notamment sur le rebond du ballon.

Pourquoi un ballon rebondit-il ? Un peu de physique amusante. Le ballon se déforme en heurtant le sol, prenant une forme ovoïde de patate écrasée. Son énergie cinétique est stockée par la compression de l'air, qui se comporte comme un ressort. Puis cette énergie est libérée quand le ballon retrouve sa forme initiale ; il repart alors vers le haut et la main du joueur qui le dirige.

La vitesse, donc la hauteur, de la remontée du ballon sont liées à la quantité d'énergie ainsi stockée. Or, au moment de l'impact avec le sol, une partie de cette énergie se disperse en frottements divers. Plus le sol est dur et lisse, moins il y aura de dispersion, plus il restera d'énergie stockée sous forme d'air comprimé.

Le bois est la surface la plus lisse parmi le choix de surfaces de terrains de basket. Les autres surfaces possibles sont le béton, le polyuréthane et l'acrylique, qui n'atteignent pas la même perfection.

L'autre ennemi du joueur, c'est le faux rebond, la balle qui file là où on ne l'attendait pas. Là encore, pour éliminer tout risque de faux rebond, le sol doit être particulièrement régulier : cela ajoute de la précision aux gestes des joueurs. Là encore, le parquet en bois est ce qui se fait de mieux.

Oui mais voilà. Le bois est un matériau parfait quand il est sec. S'il prend l'eau, il devient glissant – comme la plupart des autres surfaces, le béton et le polyuréthane aussi. Mais surtout, une fois humidifié, le bois se déforme un peu, voire beaucoup (voyez le mobilier de jardin quand il a pris la pluie). Si la surface n'est plus parfaitement plane, les rebonds sont moins puissants, et moins précis, parce que plus aléatoires.

D'où les matchs en salle. Car les parquets doivent rester au sec. Même s'ils sont imperméabilisés.

Jusqu'à preuve du contraire…

Pourquoi met-on des fers aux chevaux alors que dans la nature ils n'en ont pas ?

Vous allez me dire : pour les protéger, parce que dans la nature il n'y a ni bitume ni pavés ; les sols artificiels peuvent les blesser. Certes, mais pourquoi ferre-t-on les chevaux même quand il s'agit de les faire courir sur du sable ou de la terre (balades, manèges ou saut d'obstacles) et même sur de l'herbe (courses hippiques, polo) ?

Ne l'oublions pas : le cheval n'a pas toujours été au service de l'homme. Avant d'être domestiqué il y a sept millénaires dans les steppes du Caucase, avant de conquérir le monde, d'aider aux travaux des champs, tirer des charrues ou des carrosses, porter des charges ou trimballer les guerriers, le cheval vivait en liberté. Il ne passait pas son temps à gambader, mais se déplaçait dans le seul but de fuir les prédateurs, et trouver de nouveaux pâturages. Il était sensiblement moins sollicité qu'une bête domestiquée.

Jusqu'à l'invention du moteur à explosion, le cheval était la principale force utilisée par les sociétés humaines, et il parcourait en moyenne 30 kilomètres par jour.

Et même si le cheval travaille sur un terrain meuble, ses sabots sont soumis à des contraintes plus importantes que dans les conditions naturelles : un cheval de compétition fait plusieurs heures d'entraînement par jour (il est baladé le matin dans un marcheur automatique avant d'être monté au minimum une heure). Quant au sable des manèges, des parcours d'obstacles ou des hippodromes, même s'il s'agit d'un terrain plus souple que nos routes, il s'avère néfaste aux sabots : abrasif, il agit comme une lime géante qui entame la protection naturelle du pied du cheval. Voilà pourquoi les chevaux sont ferrés.

Les fers sous leur forme actuelle (cloués au sabot) ont été inventés au IXe siècle. Auparavant, les Grecs entouraient les pieds de leurs chevaux de lanières de cuir pour les protéger des abrasions, mais cette méthode était peu efficace et a posé des problèmes d'ordre militaire : Cicéron raconte que les conquêtes militaires d'Alexandre le Grand (vers 330 av. J.-C.) ont dû être interrompues afin que la corne des sabots des chevaux de son armée puisse se reconstituer.

À l'époque gallo-romaine sont apparues les hipposandales : sortes de sandales amovibles à semelle de fer, attachées par des lacets, et qui ont été récemment remises au goût du jour.

Mais revenons au sport. La course d'obstacles sollicite particulièrement les appuis du cheval qui doit, à la réception, amortir son propre poids augmenté de celui du cavalier. Le fer est alors une protection indispensable, et il est souvent accompagné d'un renfort en silicone. Selon son positionnement et son façonnage, il permet également de prévenir les tendinites et d'éviter que le boulet (protubérance à l'arrière du pied du cheval) ne vienne taper trop violemment le terrain lors de la réception.

Les fers peuvent en effet aussi jouer un rôle orthopédique : corriger la posture et l'appui du pied du cheval et favoriser certaines guérisons.

Au polo et dans certaines courses de galop, des fers à crampons amovibles permettent au pied du cheval de ne pas glisser sur le gazon humide ; ce qui évite les blessures qui peuvent être très dommageables chez des cracks dont la valeur dépasse parfois 2 millions d'euros.

Cela étant posé, il y a deux disciplines dans lesquelles, en matière de ferrure, les pratiques tendent à évoluer. Les courses et le concours de saut d'obstacles.

Dans les courses, on déferre désormais très régulièrement les chevaux, ce qui a souvent pour effet de les rendre plus rapides. Chez les trotteurs notamment, la pratique est extrêmement répandue. Le problème, c'est que les pistes sont très abrasives pour la corne des sabots. Les entraîneurs visent donc une course en particulier, forcément une grande échéance. C'est ainsi qu'au Prix d'Amérique, le championnat du monde des trotteurs, pratiquement tous les chevaux courent sans fers.

Dans les concours hippiques, une tendance assez récente vise à ne plus ferrer les chevaux du tout. Ils sont donc pieds nus, toute l'année. Leurs sabots sont simplement « parés », c'est-à-dire taillés (le sabot est un ongle) par des maréchaux dont certains se font désormais appeler « maréchaux-déferrants ». Cette tendance est l'héritage des observations, des travaux et des expériences menés par des éthologues qui ont conclu que plus le pied du cheval était naturel et libre de mouvement (le pied subit des torsions, des chocs, des pressions…), plus le cheval-athlète était performant.

Le meilleur cavalier français de saut d'obstacles, Julien Épaillard (classé n° 3 mondial en 2023), est un fervent adepte de cette méthode. Tous ses chevaux sont pieds nus. Il assure d'ailleurs lui-même les opérations de maréchalerie et taille, lime et râpe les sabots de ses chevaux de grand prix.

Autre avantage de la pratique : avoir des chevaux sans fers permet de les faire dormir à plusieurs, en troupeau, dans des prés, sans courir le risque qu'ils se blessent en jouant ou en ruant. Les chevaux de Julien Épaillard, y compris celui qui doit courir l'épreuve olympique, dorment donc dehors, en groupe, chaque fois que la météo le permet.

Jusqu'à preuve du contraire…

Pourquoi les voiliers avancent-ils parfois plus vite que le vent ?

Utilisés pour la première fois en 2024 aux Jeux olympiques, les récents bateaux de course Nacra17 peuvent filer plus vite que le vent qui les anime. Leurs foils (qui les soulèvent littéralement hors de l'eau) réduisent la traînée et leur permettent de dépasser 40 nœuds (74 km/h), ce qui est souvent bien supérieur à la vitesse du vent réel.

Ce ne sont pas les premiers non plus. Les architectes navals ont coutume de jauger un voilier en fonction de la vitesse à partir de laquelle il ne peut plus aller plus vite que le vent.

Cela ne se produit que sous certaines configurations de vent, qu'on appelle des « allures ». Lorsque le souffle vient de l'arrière le bateau est mû par la seule force du vent et, compte tenu des frottements, il ne peut qu'aller moins vite que lui.

Aux autres allures, les calculs se complexifient. Car, en se déplaçant, le bateau crée un vent relatif qui s'ajoute, de manière plus ou moins importante, au vent réel. Le vent apparent peut ainsi, pour les bateaux les plus modernes, apparaître une fois et demie plus fort que le vent réel.

Tout repose sur une loi physique difficile à appréhender parce que contre-intuitive : la pression d'un fluide diminue quand sa vitesse de circulation augmente. Ce fluide, en l'occurrence, c'est l'air.

Les voiliers peuvent avancer plus vite que le vent grâce à un phénomène complexe appelé « survente ». Les voiles d'un bateau, comme les ailes d'un avion, sont légèrement bombées. L'air qui circule sur la face avant (ou extrados) est accéléré, alors qu'il est ralenti sur la face arrière (intrados). Une dépression se forme d'un côté et une surpression de l'autre. L'aile – donc l'avion – est aspirée vers le haut ; de la même façon la voile – donc le bateau – est aspirée en avant.

Un voilier avancera aussi par vent arrière, mais ce n'est vraiment pas son allure la plus rapide, on a vu plus haut ce paradoxe.

Les vents attendus lors des épreuves de voile des Jeux olympiques de 2024 dans la Marina de Marseille sont principalement d'ouest-sud-ouest, avec une vitesse moyenne de 10 à 15 nœuds (18 à 27 km/h), qualifiés par les spécialistes de réguliers et modérés (avec toutefois des pointes occasionnelles autour de 20 nœuds).

Pour information, le record de vitesse à la voile sur mer est de 65,45 nœuds (121,1 km/h), détenu depuis 2012 par l'Australien Paul Larsen, avec un engin spécialement conçu dans ce but. La vitesse du vent était d'environ 30 nœuds (55 km/h). Pour que le record soit homologué, il a maintenu ce rythme sur 500 mètres, avec une vitesse maximale de 125,95 km/h sur une seconde !

Au moment où j'écris ces lignes, ce record semble très difficile à battre.

Jusqu'à preuve du contraire…

Pourquoi dit-on qu'on marque un « essai » au rugby ?

« Essai !!! » Un essai entre les poteaux, si possible contre les All Black, le bonheur total…

C'est le même terme que l'on joue à VII (les matchs du 24 au 30 juillet au Stade de France) ou à XV (épreuve bannie des Jeux, voir pourquoi page 199).

Pourquoi une telle réussite est-elle qualifiée d'essai ?

Cette terminologie remonte à la préhistoire de ce sport.

Le rugby tire son origine de jeux pratiqués un peu partout en Europe sous différentes formes et appellations : soule en France, knappan au pays de Galles, hurling en Cornouailles ou en Irlande. C'est au milieu du XIXe siècle que le jeu devient un sport, avec des règles codifiées, par écrit, dans une ville du centre de l'Angleterre : Rugby.

Il court plusieurs hypothèses sur la naissance du sport tel que nous le connaissons. La plus plausible fait état d'une partie de football en novembre 1823 (un foot beaucoup plus violent que celui que nous connaissons, qui autorisait le plaquage et le crochetage). Un certain William Webb Ellis, élève du collège de Rugby, aurait transgressé la règle du jeu au pied, saisi le ballon à la main pour aller le poser derrière la ligne adverse, puis réclamé un point pour son équipe.

La légende raconte que le professeur-arbitre releva ce manquement à la règle manifeste et félicita ironiquement son jeune élève en s'exclamant : « *Good try !* » Traduisez : bien essayé.

Il n'y avait plus qu'à transformer l'essai en bottant le ballon au-dessus de la barre transversale des cages de football du terrain du collège (nommé Bigside).

Pourquoi par-dessus les cages et pas dedans ? Pour se distinguer du football, d'autant qu'il n'y avait pas de gardien de but. Avec le temps, pour éviter les litiges, on rajouta deux barres verticales sur les côtés, les fameux poteaux en H.

Dans les premiers temps, le fait de réussir à faire franchir au ballon la ligne d'en-but adverse ne rapportait aucun point. Cela ouvrait juste la possibilité de tirer au pied pour tenter d'expédier le ballon entre les poteaux. En d'autres termes, cela donnait droit à un « essai ». S'il était réussi, alors l'équipe marquait un point.

Le coup franc de pénalité et le drop, deux éléments importants du rugby, trouvent eux aussi leurs racines dans le football ancien. Le coup franc était utilisé pour sanctionner les fautes, et le drop était un moyen de marquer des points en cours de partie.

En 1886, trois points sont officiellement accordés à une transformation, alors que l'essai ne vaut qu'un seul point. En 1893, on accorde trois points pour un essai, et la transformation passe alors de trois à deux points et n'en bougera plus. Un essai transformé vaut désormais cinq points au compteur. Pendant presque un siècle.

En 1971, coup de tonnerre dans l'ovalie : l'essai prend le pas sur la pénalité, au terme d'un long processus. Il passe à quatre points. *Midi Olympique*, la bible française du rugby, salue l'événement : « Cette réforme a marqué l'Histoire, car on reconnaissait la primauté de la valeur de l'essai sur celle des coups de pied. Le passage à quatre points allait dans le sens de la favorisation [*sic*] du jeu offensif par rapport au rugby d'épiciers, avec des scores uniquement meublés par les buteurs. La chose nous paraît naturelle aujourd'hui, mais ce n'était pas le cas dans l'esprit de ceux qui codifièrent le jeu au XIXe siècle. On pratiquait alors le "football rugby" ; le fait de taper dans le ballon était vécu comme l'essence de ce jeu. »

Il faudra attendre 1992 pour que l'essai en lui-même offre cinq points à l'équipe qui le marque. C'est l'ailier des All Blacks Tuigamala qui aura l'honneur d'aplatir le tout premier « *five* » de l'histoire du rugby, le 4 juillet 1992, contre l'Australie. La règle n'a plus changé depuis cette date : un essai transformé rapporte sept points, davantage qu'une pénalité et un drop (trois points chacun).

Résumons : l'essai est récompensé de cinq points, tandis que sa transformation, le succès, donc, n'en rapporte que deux.

Peut-être faut-il y voir une philosophie de vie.

Qui ne tente rien n'a rien.

Jusqu'à preuve du contraire…

Pourquoi les requins s'attaquent-ils aux surfeurs ?

Sauf extraordinaire, les épreuves de surf des JO 2024 se tiendront sur le site de Teahupo'o à Tahiti, en dépit de l'affaire de la tour des juges, et de la polémique de la (non) visite d'Anne Hidalgo aux antipodes.

Est-ce qu'il y a des requins à Tahiti ? Oui ! Et pas qu'un peu. Le site Tahiti Tourisme s'en réjouit : « Les requins, connus localement sous le nom de *ma'o*, sont l'une des merveilles qui peuplent les eaux de Polynésie française. Malgré leur féroce réputation, les requins sont inoffensifs pour l'homme puisque leurs proies animales sont suffisamment nombreuses dans les fonds marins de Tahiti et ses îles. » Le site nous invite même à « nager avec des requins ».

Deux salles, deux ambiances.

Dans les salles de rédaction, au contraire, les requins font trembler en même temps que vibrer. C'est le grand bonheur des journalistes en mal de sensationnel : les attaques de surfeurs par des requins. À chaque morsure, une citation au JT. À chaque décès, une équipe de reportage dépêchée sur place.

Loin de moi l'idée de minimiser la douleur des familles, mais apprenez que les requins tuent quatre à six malheureux par an, sur toutes les mers du globe. À titre de comparaison, dans le même temps, les accidents de la route suppriment 1,2 million de personnes sur cette Terre, et en blessent quarante fois plus !

Pour dire les choses différemment, vous avez 50 fois plus de chances de mourir chargé par un hippopotame, et 325 fois plus de décéder après avoir embouti un cerf en voiture. Combien avez-vous vu de reportages sur le sujet ?

Revenons aux squales. Une conjonction de facteurs explique les attaques de requins contre les surfeurs, ou plutôt un enchaînement de faits.

Tout d'abord, certaines circonstances attirent les requins près des côtes. Naturelles, d'une part, lorsque les pluies d'orage entraînent des déchets organiques vers la mer, par le déferlement des torrents (valable par exemple à la Réunion, où les côtes sont escarpées) : les requins trouvent alors des petites charognes à se mettre sous la dent sans trop d'efforts. Une autre cause est directement liée à l'activité humaine : le rejet dans la mer des poubelles. Les requins trouvent également là de quoi se nourrir. Ajoutez à cela la raréfaction de la nourriture dans leurs zones de chasse, conséquence de la pêche intensive. Privés de leurs ressources premières, les requins doivent trouver de nouveaux « spots » de chasse.

Voilà donc le requin près des côtes, l'appétit aiguisé. Que voit-il soudain passer en surface ? Une de ses proies favorites ! Non pas l'homme, mais, de son point de vue... une tortue !

Vu d'en dessous, un humain sur une planche ou une tortue, ça se ressemble un peu : une structure centrale aplatie, et quatre membres qui s'agitent.

Malgré une vue très sophistiquée (ils sont notamment capables d'activer une sorte de « vision nocturne » grâce à un dispositif derrière leur rétine qui leur permet, en cas de lumière faible, d'amplifier ce qu'ils perçoivent), les requins sont myopes, car leur cristallin se déforme peu.

Voilà qui ne les aide pas à distinguer leur dîner d'un surfeur.

Et ils attaquent.

En tout cas, c'est ce que pense le rédac'-chef. C'est bon ça, coco !

Jusqu'à preuve du contraire...

Pourquoi le cannabis est-il considéré comme un dopant ?

Selon la médecine, fumer du cannabis provoque à long terme des hallucinations et des troubles de la coordination neuromusculaire. Mais surtout, sur l'instant, un relâchement général. Alors pourquoi est-il considéré comme un dopant au même titre que la cocaïne, la caféine, l'EPO, la testostérone ou l'hormone de croissance, la créatine, la cortisone ou autres anabolisants ?

Quel sprinter aurait l'idée de se rouler un joint avant un 100 mètres, en se disant : ça va m'aider à courir vite ?

Aux Jeux olympiques modernes, la lutte antidopage a fait son apparition à Mexico en 1968. Lors des Jeux de la Grèce antique, l'alcool était déjà prohibé. Avant chaque épreuve, les athlètes devaient souffler leur haleine vers un juge. S'il décelait des vapeurs suspectes, c'était l'élimination. Depuis, les règles, les produits et les méthodes de détection n'ont cessé d'évoluer.

D'abord qu'est-ce qu'un dopant ? En France, la première définition légale du dopage date de 1965. Est alors considéré comme dopé « quiconque aura, en vue ou au cours d'une compétition sportive, utilisé sciemment l'une des substances déterminées par le règlement de l'administration publique, qui sont destinées à accroître artificiellement et passagèrement ses possibilités physiques et sont susceptibles de nuire à sa santé ». La loi du 23 mars 1999 ajoute que « font également partie du dopage les utilisations de produits ou de procédés destinés à masquer l'emploi de produits dopants. » En France, les premiers contrôles antidopage concernant le cannabis datent de 1993. Évacuons d'emblée une hypothèse : le cannabis est-il un agent masquant d'autres produits ? Réponse : non. Cela n'a pas été démontré.

C'est officiel : le cannabis présente un risque pour la santé, mais en quoi peut-il améliorer les performances sportives ?

Tirer sur un joint peut aider dans certaines disciplines. Sa molécule active, le THC (6-9 tétrahydrocannabinol), agit sur les neurorécepteurs du cerveau, et améliore la relaxation musculaire et la vision, ce qui est très utile dans certains sports d'adresse, comme le tir. À faible dose, il agit comme un anxiolytique : il aide à annihiler les souvenirs anxiogènes, ce qui donne un sentiment de confiance, élément indispensable pour accomplir un exploit sportif.

La consommation de cannabis augmente également le temps de sommeil et la récupération, ce qui accroît les performances d'un athlète qui doit multiplier les compétitions sur de courtes périodes. Certaines études montrent que le THC favorise aussi l'oxygénation des tissus.

Enfin, le cannabis est un analgésique, il repousse donc les limites de la douleur, ce qui est utile aussi bien en compétition qu'à l'entraînement. Tout cela explique sa classification comme « dopant » ; n'en déplaise aux fans du film *Rasta Rocket*, l'histoire de l'équipe jamaïcaine de bobsleigh, qui a vécu une folle aventure lors des Jeux olympiques d'hiver de Calgary en 1988.

Mais ce n'est pas de là que vient le mot « descente ».

Et ce qui devait arriver arriva : les élèves ont souvent dépassé les maîtres. Le Brésil ne s'est pas qualifié pour les JO de Paris, éliminé par l'Argentine. À vous dégoûter de rendre service.

Jusqu'à preuve du contraire…

Pourquoi les Brésiliens ont-ils inventé le dribble ?

Vous l'avez compris : on parle football. Et je viens de vous donner une partie de la réponse. Ou plutôt une information : ce sont effectivement les Brésiliens qui ont inventé le dribble.

Vous connaissez le jeu brésilien, que l'on compare souvent à la samba, imprévisible et flamboyante. Par opposition au jeu européen plus structuré, géométrique, à une seule touche de balle quand c'est possible.

Au Brésil, c'est l'inverse : le typique joueur auriverde touche beaucoup le ballon, il le guide du bout du pied, il contourne son adversaire – il le dribble, donc –, puis il fait une passe à droite ; ah non, pas du tout, c'était une feinte de passe, il dribble un second défenseur, et là il fait une passe à gauche.

Le Brésil a produit quantité d'immenses dribbleurs. Je vais citer Garrincha, considéré comme le premier génie du foot (dans les années 1950), puis il y eut Pelé, l'homme aux 1 000 buts ; plus proche de nous Ronaldinho qui a joué au PSG, et la star Neymar, passée par le Barça et aussi par le PSG.

Donc je vous l'ai dit : le dribble est né au Brésil. Mais pourquoi là-bas et pas dans un autre pays du monde, alors que chacun voit l'avantage qu'il y a à mettre un adversaire dans le vent ?

La réponse remonte aux années 1930, quand le football s'implante au Brésil et devient un sport très populaire. Auparavant, c'était un sport de colons, de bourgeois et d'aristocrates ; en un mot : un sport de Blancs. L'esclavage a été aboli au Brésil en 1888 ; mais une ségrégation de fait subsistait entre Noirs et Blancs au début du XXe siècle. Y compris dans le football : aucun joueur noir n'était toléré au sein des premiers grands clubs.

Les choses ont évolué lentement. Pour échapper aux insultes et aux coups, certains joueurs métis s'enduisaient le visage de poudre de riz, afin de paraître plus clairs. La première star brésilienne, Arthur Friedenreich, métis lui aussi, lissait ses cheveux crépus pour se donner un air européen.

C'est à ce moment qu'apparaît la technique du dribble. Auparavant, on jouait à l'anglaise selon un style baptisé « *quick and rush* » : on tape des grandes balles devant et on court derrière. Les joueurs noirs inventent le dribble pour sauver leur peau, ou plutôt leurs tibias et leurs genoux. Car les fautes commises sur eux par les Blancs sont très rarement sifflées par l'arbitre, blanc aussi évidemment.

Vous devinez la suite : entre les artistes et les bourrins, ce sont très souvent les artistes qui gagnent. Et en prime, ce sont eux qui nous font rêver. Depuis, tous les gamins du monde ont appris à dribbler. Quelle que soit leur nationalité, quelle que soit leur couleur de peau.

Et ce qui devait arriver arriva : les élèves ont dépassé les maîtres.

Le Brésil ne s'est pas qualifié pour les JO de Paris, éliminé par l'Argentine. À vous dégoûter de rendre service.

Jusqu'à preuve du contraire…

Pourquoi le ballon de rugby est-il ovale ?

Il ne le saura jamais, puisqu'il est mort en 1877. Gilbert. Son nom orne tous les ballons, dans toutes des grandes compétitions. William Gilbert, l'inventeur du ballon ovale, était un simple cordonnier de la ville de Rugby, au cœur de l'Angleterre de la reine Victoria.

On a vu plus haut la naissance du rugby, lors d'un match de football, quand un joueur, William Webb Ellis, a pris le ballon à la main pour aller le poser dans le but adverse[1]. Selon certaines variantes du récit, il était dégonflé. Le ballon, pas le joueur. Cela peut avoir son importance.

À l'origine, le rugby se jouait seulement au pied : le joueur « tapait à suivre », comme on dit aujourd'hui. Le ballon s'envolait dans les airs, était récupéré à la main puis relancé d'un coup de botte.

1. Voir page 151 : Pourquoi dit-on qu'on marque un « essai » au rugby ?

Peu à peu, les lois comme les habitudes de jeu ont évolué de manière à rendre les matchs plus spectaculaires, moins répétitifs.

Dans les premières règles consignées par la Rugby Football Union, nulle part il n'est fait mention de la forme du ballon. On utilisait alors le même que pour le football, fabriqué à partir d'une vessie de porc, donc plus ou moins rond.

C'est ici qu'intervient notre cordonnier. William Gilbert, à la demande des pratiquants, fait évoluer la forme de la sphère. Ceux-ci voulaient en effet, d'une part, avoir un ballon plus facile à serrer contre eux en courant et, d'autre part, éviter qu'il ne roule trop loin, lors des drops par exemple. Gilbert tâtonne, improvise, il découpe quatre peaux, ovoïdes, qu'il coud entre elles pour les renforcer, ce qui leur confère une forme oblongue. Coup de génie. Cette architecture ovale est officialisée et sanctuarisée en 1877 par les instances du rugby.

Depuis, ce ballon n'a cessé d'évoluer. En 1862, un cordonnier concurrent lance une version entourée de caoutchouc qui connaît un vif succès. La vessie de porc ne se gorge plus d'eau à la première pluie. La dernière grande innovation sera le revêtement synthétique, qui rend le ballon plus stable, et moins glissant.

Mais la magie ovale reste intacte. Un des charmes du rugby est que le ballon n'en fait qu'à sa tête. Le voilà qui décolle. On sait à peu près où il va tomber, mais on ignore comment il rebondira, vers quelle équipe. Le doigt de Dieu s'invite sur le terrain. On se croyait à Twickenham ? On est à Las Vegas !

Messieurs, rien ne va plus…

Jusqu'à preuve du contraire…

Pourquoi en aviron les rameurs sont-ils tournés vers l'arrière du bateau ?

Rame, rame, rameurs, ramez…

L'aviron est au programme olympique depuis la première édition des Jeux modernes, en 1896. Les femmes ont attendu 1976 et les Jeux de Montréal pour avoir le droit de ramer comme les hommes. Une belle victoire. Cet été, les épreuves auront lieu du 27 juillet au 3 août dans le magnifique stade nautique de Vaires-sur-Marne, construit pour l'occasion.

L'aviron a une histoire plusieurs fois millénaire. On trouve des traces de ce mode de locomotion dès l'Égypte des pharaons. Puis vinrent les galères romaines, déployées principalement sur le bassin méditerranéen, qui ont apporté une innovation : asseoir et synchroniser les rameurs permettait d'atteindre des vitesses inédites. La technique a été reprise plus tard par les Vikings.

Les historiens des sciences estiment que c'est la nécessité de faire avancer des bateaux toujours plus gros qui a suscité le développement de l'aviron : les rameurs peuvent être plus loin de l'eau, ce qui permet de construire des bâtiments plus hauts, qui résistent mieux au gros temps. L'homme a continué de ramer de dos jusqu'à l'apparition du moteur, y compris pour la chasse à la baleine (relisez *Moby-Dick*, publié en 1851 par Herman Melville).

Les premiers à se défier à la course furent les bateliers anglais sur la Tamise, inaugurant une longue tradition, adoptée notamment par les prestigieuses universités anglaises d'Oxford et Cambridge. Ces courses sont les ancêtres de l'aviron moderne.

Seul ou en équipe, le principe de l'aviron consiste à manier la rame en tournant le dos à sa destination, ce qui est contre-intuitif. Pour aller vite, aucun sprinter ne court de dos, aucun cycliste ne pédale à l'envers.

Oui, mais sur l'eau, c'est la façon la plus efficace d'avancer. Bien plus avantageuse que la pagaie. Rappelons ici la différence entre une rame et une pagaie : la première est arrimée à l'embarcation, alors que la seconde se manie de manière indépendante. La rame étant fixée au bateau, en équilibre, le rameur n'a pas à la soulever, première économie musculaire. Et dans le mouvement, il peut compter sur ses jambes. L'appui des muscles inférieurs confère un supplément de force très important. Dans les avirons de compétition, le mouvement est en plus allongé grâce à des roulettes sous le siège, ce qui amplifie la puissance.

Si les rameurs étaient dans le sens de la marche, ils devraient pousser sur leur rame plutôt que la tirer, ce qui, outre une force moindre, rendrait la fluidité du mouvement collectif plus difficile à atteindre. Or, en aviron, la coordination des rameurs est une des clés du succès. Ils sont un, deux, quatre ou huit rameurs par bateau, suivant les catégories. Dans le « huit », un barreur dirige le bateau depuis l'arrière et donne les consignes aux rameurs. Lui seul est dans le sens de la marche.

Une blague de rameur pour finir. Que dit un barreur qui a raté sa course ?

— J'ai galéré.

Jusqu'à preuve du contraire…

Pourquoi dans un stade de foot, la tribune populaire s'appelle le Kop ?

À l'occasion du tournoi de foot des JO, certains matchs et surtout la finale se dérouleront au Parc des Princes. On attend une grosse ambiance, notamment dans les tribunes populaires, la tribune Auteuil, très bruyante, et le Kop de Boulogne, encore plus fervent, pour ne pas dire virulent.

Vous savez ce qu'on appelle un Kop. C'est la tribune derrière les buts qui fait parfois parler d'elle dans les JT et les pages faits divers, à cause de bagarres répétées avec des supporteurs du club adverse, ou des CRS, ou carrément entre ses membres.

Dans tous les stades du monde, le Kop est traditionnellement le repaire des hooligans, plus intéressés par la baston que par le football. Mais pourquoi ce terme étrange ?

Aucun rapport avec le sport. Il tient son nom d'une colline d'Afrique du Sud qui s'appelait Spion Kop. Nous sommes en 1900, pendant la seconde guerre des Boers. Une bataille oppose les jeunes républiques locales, indépendantistes, et le Royaume-Uni. Dans la nuit du 23 au 24 janvier, les colons britanniques veulent s'emparer de ce point stratégique, situé au cœur des lignes de défense adverses. Mais malgré l'obscurité, ils se font repérer et sont bombardés pendant leur ascension. Les combats se finissent au corps à corps, à coups de baïonnettes et de couteaux. Un carnage : les Britanniques perdent près de 300 hommes, 1 300 combattants sont blessés ou capturés.

Cette déroute traumatise le Royaume-Uni au point qu'on la commémore un peu partout en Angleterre. C'est rarissime pour une défaite, un peu comme Camerone chez les légionnaires français.

En 1903, en hommage à cet épisode tragique, la nouvelle tribune du stade d'Anfield Road à Liverpool est baptisée Spion Kop. C'est une tribune couverte, en bois et en tôle ondulée. Elle deviendra rapidement vétuste. C'est aussi celle qui accueille les supporteurs les plus remontés, pour ne pas dire les furieux. Par la suite, on appellera Kop la tribune la plus véhémente du stade. Dans tout le pays, puis dans tous les pays.

Jusqu'à preuve du contraire…

Pourquoi un court de tennis fait-il la taille d'un court de tennis ?

Ne vous focalisez pas sur le tennis. J'aurais aussi bien pu demander : Pourquoi un terrain de foot a-t-il la taille d'un terrain de foot ?

Comparons les sports. Un terrain de rugby peut contenir en longueur quatre terrains de basket. Et dans un gymnase, regardez les marquages au sol : le terrain de volley tient facilement dans le court de tennis qui tient largement dans le terrain de handball. Pourquoi ces dimensions ? Par qui ont-elles été fixées, et surtout : sur quels critères ?

Pour le confort des spectateurs ? Pas du tout. On peut aller voir dans la même salle (à Bercy par exemple) du tennis, du basket ou du hockey sur glace.

En fonction du nombre de participants de chaque sport ? Non plus. Les terrains de foot et de rugby ont sensiblement les mêmes dimensions alors qu'on passe de onze à quinze joueurs (+36 %).

En réalité, les inventeurs de chaque sport ont choisi les dimensions des terrains de manière empirique, avec comme seul but de s'amuser le plus possible ; sans se connaître entre eux, donc sans se concerter, à des époques diverses et en des lieux différents. Et pourtant, une même loi les unit tous !

On le sait grâce à deux chercheurs de l'École polytechnique, Christophe Clanet et Baptiste Darbois-Texier, qui ont étudié treize sports pratiqués avec une balle ou un projectile, comme le volant du badminton. Ils ont mis en équations le rayon, la masse, la vitesse maximale de la balle, sa vitesse à l'arrivée, et l'angle de tir idéal.

L'étude a été publiée dans le prestigieux *New Journal of Physics*. Leur conclusion : la taille du terrain dépend de la portée maximale de la balle. Et non pas du nombre de joueurs. Plus la balle va loin, plus le terrain est grand.

Au basket ou au hand, qui se jouent à la main, les passes sont plus courtes qu'au football ou au rugby où on peut taper avec le pied. Une balle de tennis peut aller très loin, mais un volant de badminton redescend très rapidement à cause des ailettes justement conçues pour le freiner. Le record de longueur est détenu par le parcours de golf qui s'étend à perte de vue… et pour cause : un seul drive peut expédier la balle à plus de 250 mètres.

Les scientifiques ont observé que, pour une moitié des sports (tennis, volley-ball, squash, et même pelote basque), la vitesse de déplacement de la balle est proche du temps de réaction du joueur : moins d'une seconde. Les réflexes et la précision sont primordiaux. Ces sports se pratiquent donc sur des petites surfaces.

L'autre famille de sports comprend le football, le hand, le basket, le base-ball, le hockey, et même le golf. Le temps de déplacement de la balle est beaucoup plus long ; il est rare qu'elle traverse tout le terrain d'un seul coup. Ces disciplines nécessitent – en plus des réflexes – beaucoup de stratégie.

Vous allez me dire que, parmi les sports analysés, deux activités ont un terrain beaucoup plus petit que ce que prédisent les calculs : le squash et la pelote basque. Certes, c'est justement pour cela qu'il y a des murs autour du champ de jeu, sinon il serait impossible de maîtriser la balle.

Les chercheurs n'ont pas limité leur analyse au cadre sportif. Ils notent que la même loi, pour les mêmes raisons, s'applique à la taille des champs de bataille.

George Orwell a dit : « Le sport c'est la guerre, les fusils en moins. »

Jusqu'à preuve du contraire…

Pourquoi, aux JO, Anglais, Écossais, Gallois et Irlandais sont ensemble dans la même équipe, alors que, le reste du temps, ils se battent les uns contre les autres ?

Le Gallois Geraint Thomas a été un immense champion cycliste. Vainqueur du Tour de France en 2018, il avait auparavant remporté l'or aux Jeux olympiques 2008 et 2012, en poursuite par équipe. Mais pas l'équipe du pays de Galles, cette nation n'existe pas aux Jeux. Il pédalait pour l'Angleterre, plus précisément au sein de l'équipe britannique, appelée là-bas « Team GB ».

C'est le cas aussi d'une superstar du tennis : l'Écossais Andy Murray, n° 1 mondial en 2016. Vainqueur de Wimbledon en 2013 et en 2016, il a remporté par deux fois l'or olympique en simple (Londres 2012 et Rio 2016). Là encore, ses médailles n'ont rien rapporté à l'Écosse. Elles ont été comptabilisées sur le compte de la « Team GB ».

C'est ainsi. Le Comité international olympique (CIO) ne reconnaît qu'une seule équipe pour le Royaume-Uni, composée d'athlètes de quatre nations : l'Angleterre, l'Écosse, le pays de Galles et l'Irlande du Nord. Cette équipe est donc appelée Team GB (pour Grande-Bretagne) et parfois Team UK (United Kingdom pour Royaume-Uni).

Hors JO, le pays de Galles, l'Irlande, l'Écosse et l'Angleterre présentent des équipes nationales avec leurs couleurs spécifiques dans la plupart des événements sportifs internationaux. Le plus emblématique étant le Tournoi des VI Nations de rugby, où les matchs entre ces quatre équipes sont autant de derbys[1].

Pourquoi cette exception dans le cadre olympique ?

La principale raison est le poids de l'histoire.

La participation d'une équipe unifiée de Grande-Bretagne aux Jeux olympiques s'est décidée en 1894, donc avant même la première édition des Jeux modernes, en 1896, à Athènes. Sur les 14 délégations engagées, l'Europe ne comptait que 11 nations, car l'Irlande, le pays de Galles et l'Écosse étaient réunis sous la bannière de l'Union

1. Les deux équipes qui complètent les VI Nations sont la France et l'Italie.

Jack. En cette fin du XIXe siècle, l'Inde ou le Pakistan étaient également considérés comme des possessions de l'Empire britannique. Cela ne heurtait pas Pierre de Coubertin, pour qui l'Algérie, la Tunisie, le Maroc ou l'Indochine étaient des territoires français. Le baron ne voulait surtout pas contrarier les dignitaires britanniques. Aucune délégation n'est d'ailleurs venue d'Afrique ou d'Asie, continents en grande partie colonisés.

Olympiade après olympiade, cette tradition s'est perpétuée, en dépit de l'évolution du paysage politique et sportif du Royaume-Uni.

La Charte olympique stipule que chaque pays ne peut être représenté que par un seul comité olympique national. Or, le Royaume-Uni n'a justement qu'un seul comité olympique national, la British Olympic Association (BOA), qui est responsable de la sélection et de l'envoi d'une équipe unifiée aux Jeux. Corollaire : les nations constitutives du Royaume-Uni ne peuvent pas avoir leur propre comité olympique ni une équipe nationale émancipée.

En marge du poids de l'histoire, il ne faut pas sous-estimer des considérations sportives, non dénuées de cynisme.

Vue depuis Londres, une équipe unifiée offre mathématiquement plus de chances à la Grande-Bretagne de remporter des médailles que des équipes nationales distinctes (*big up* à Andy Murray et Geraint Thomas).

Reste la question de l'Irlande, ou plutôt des deux parties de l'île, qui ont chacune un statut différent, y compris dans l'olympisme.

L'Irlande du Nord fait partie du Royaume-Uni. Mais la république d'Irlande, parfois appelée Eire (surtout dans les mots croisés), est un pays indépendant et souverain qui a fait sécession en 1921, et qui sportivement se présente depuis les JO de 1924 sous ses propres couleurs.

Il existe désormais un Comité olympique d'Irlande (COI), qui représente uniquement la république d'Irlande.

De son côté, la « Team GB », englobe l'Irlande du Nord. Et là ça se complique encore : les athlètes d'Irlande du Nord ont le choix, ils peuvent concourir pour le Royaume-Uni ou pour l'équipe d'Irlande.

Ces débats continuent d'agiter le monde du sport et la société britannique dans son ensemble.

Aux derniers Jeux, à Tokyo, la Team GB a remporté 64 médailles (dont 22 en or). Mais si on lui retirait les apports écossais, gallois et irlandais, l'Angleterre à elle seule ne compterait que 45 médailles (dont 17 en or).

L'union fait la force. Apparemment.

Jusqu'à preuve du contraire…

Pourquoi les joueurs de tennis poussent-ils des hurlements ?

Hiiin ! gémit l'un. Rhaaaaaaa ! conclut l'autre. Non, ce n'est pas un tournage de film X, mais un match de tennis professionnel. Mixte, parfois. Nadal se soulage en deux temps : « Ah-heeuuuu !!! » (Pardon pour mon piètre accent espagnol.)

Les filles ne sont pas en reste. Le journaliste sportif Pierre Godon situe l'avènement de la mode des joueurs-beugleurs au début des années 1960. Quand l'Américaine Vicky Palmer a déboulé sur le circuit professionnel, elle accompagnait ses coups d'un grognement, ce qui lui valut *illico* le surnom de « *the Grunter* », la grogneuse.

Chez les hommes, Jimmy Connors et André Agassi lui emboîtent le pas. Toutefois les cris les plus controversés proviennent du tableau féminin : Monica Seles, n° 1 mondiale dès l'âge de 18 ans. En quarts de finale à Wimbledon 1992, la Française Nathalie Tauziat s'en plaint à l'arbitre. Mais rien n'y fait. Le lendemain, Seles – qui a gagné – ouvre la presse, effarée : « Tous les articles qui parlaient de moi comportaient le mot "*grunt*" – grognement – dans le titre. » En demi-finale, elle affronte Martina Navratilova. Au bout d'un set, l'Américaine demande elle aussi à l'arbitre d'intervenir pour que Seles la mette en sourdine. Peine perdue là encore. Battue, Navratilova reconnaîtra : « Ses cris m'ont déstabilisée, j'ai perdu patience. »

Monica Seles, c'était au siècle dernier, mais elle a fait école. À sa suite, Venus Williams a été mesurée à 95 décibels, Maria Sharapova autour de 101 décibels. Le record est détenu par la Portugaise Michelle Larcher de Brito : ses cris ont atteint 109 décibels, soit le niveau sonore d'un train entrant en gare !

À l'open de Wimbledon 2015, la BBC a improvisé un « *grunt-o-meter* » afin que les spectateurs puissent visualiser la vigueur des cris, en plus du compteur qui indique la vitesse du service. Sur les courts, brailler est devenu la norme, au point que, lorsque Federer avait remporté Wimbledon en 2003, le *Daily Telegraph* s'était réjoui de sa victoire « sans bruit ». *So British.*

Voilà pour le folklore. Mais quelle utilité ont ces hurlements ? Primordiale. Les études montrent que crier en frappant la balle augmente la puissance de 4 à 5 % (et le service de 6 à 9 km/h), ce qui est considérable. Le même phénomène se retrouve dans les épreuves d'athlétisme comme le javelot, ou l'haltérophilie. Les athlètes ont constaté que crier aide à la performance.

Le tennis a une différence avec les lancers : vous n'êtes pas seul au moment de l'effort. Une composante psychologique s'ajoute aux données physiques. Crier peut perturber votre adversaire. Et pas qu'un peu. À cause du boucan, son temps de réaction augmente d'un tiers (33 millisecondes selon un récent calcul), et il a plus de mal à anticiper où et quand va partir votre balle (l'impact est instantané, mais le râle peut durer). En outre, comme il perçoit moins bien le choc entre la balle et la raquette, il mesure moins l'effet qui y est mis. En 1988, le Tchèque Ivan Lendl se plaignait des éructations d'André Agassi : « Quand il lâchait un coup, son cri était bien plus fort que le bruit de la balle. Cela affectait mon temps de réaction. »

En 2022, la Fédération internationale de tennis (ITF) a adopté une règle visant à limiter le niveau des hurlements sur le court. Les joueurs ne doivent pas dépasser 100 décibels lorsque la balle entre en contact avec la raquette. Elle a été mise en place pour protéger joueurs et spectateurs des cris trop forts.

Et peut-être les arbitres aussi.

Jusqu'à preuve du contraire…

Pourquoi les surfeurs ont-ils un look de surfeurs ?

Imaginez que vous croisiez à l'improviste les athlètes des Jeux, incognito dans la rue. Vous seriez bien incapable de dire qui est une sprinteuse, qui un nageur, qui une joueuse de tennis, qui un volleyeur, ou qui sont les cyclistes et les fleurettistes.

Mettons à part les handballeurs, les basketteurs et les haltérophiles, à cause du gabarit[1]. Vous voici maintenant face à un surfeur : vous devinez tout de suite quel est son sport. Pas à la carrure ni à la démarche. Mais au look.

« Le surfeur blondinet aux mèches rebelles, au caleçon fleuri sur tablettes de chocolat vous attend au bar de la plage. Il sera bien entendu accompa-

1. Les basketteurs sont très grands, les haltérophiles sont très costauds, les handballeurs sont très grands et très costauds.

gné de sa cousine au collier de bois et maillot de bain fleuri sur jambes fuselées. Ils aiment la vie au grand air, la bonne vague et les fêtes. Les surfeurs aiment l'écologie, les sensations fortes et les trips entre potes. Lorsqu'ils sont des surfeurs jusqu'au bout des tongs, ils se déplacent en van de spot en spot avec leurs amis. » J'emprunte cette description au site Psychonet, qui leur consacre un article admiratif[1] : « Au pays des surfeurs et surfeuses, ces créatures bronzées et musclées qui mettront du soleil dans nos vacances ».

C'est Sammy dans Scoubidou. Une coupe informe et du poil au menton. Même pas besoin d'avoir une planche pour passer pour un surfeur : il suffit d'un vieux T-shirt verdâtre, un pantalon trop grand, et un combo Volkswagen turquoise et jaune.

Bien avant Brice de Nice, les premiers témoignages sur le surf arrivèrent du Pacifique : le grand explorateur James Cook a assisté aux îles Sandwich à des prises de vague en 1778. Il vit la population s'adonner à ce qui n'était pas considéré comme un sport, mais comme un rituel de passage. Les chefs de tribu affrontaient l'océan pour montrer leur courage et affermir leur position.

Plus tard, les missionnaires protestants débarqués en 1820 furent horrifiés. Prendre du plaisir, à moitié nu… Sacrilège !

Dans d'autres contrées et sur d'autres continents, des peuples en contact avec le rivage ont eux aussi développé des pratiques qui se rapprochent du surf.

1. « Le Look surfeur », Psychonet.fr, 5 août 2018.

Au Pérou, au XVIe siècle, un explorateur espagnol décrit des « cavaliers de la mer » qui prennent les vagues sur de petites embarcations faites de feuilles de roseau.

Le surf moderne ? Il trouve sa source à Hawaï, devenu territoire américain après un coup d'État en 1893. Hawaï voit se lever de nombreux autochtones qui font revivre les coutumes anciennes. Comme souvent, l'Amérique va digérer et recycler à son profit la rébellion.

Dans les années 1960, les sports de glisse émergent sur la côte ouest des États-Unis, notamment en Californie. Puis explose le mouvement hippie. Dans les années 1970, le monde du surf fusionne avec le *flower power*. Les deux partagent un refus du costard-cravate et des modes de vie étriqués.

Voici que s'imposent sur les plages et les scènes des festivals des imprimés psychédéliques aux couleurs acidulées : fleurs, palmiers, hibiscus, déclinés sur des T-shirts amples, des débardeurs, des chemises hawaïennes ou à gros carreaux. N'oublions pas les lunettes de soleil *oversize*, les chapeaux de paille, et les baskets en toile, si possible crounies.

Parallèlement, le surf devient un sport, les premières compétitions naissent. Comme tout sport, il coûte cher. Les vagues vont se chercher dans le monde entier, le matériel se fait de plus en plus technique. Les sponsors entrent dans la danse. Dans les années 1990, le surf se professionnalise. Les marques de glisse (snowboard, surf, skate, roller...) mélangent les influences d'une pratique à l'autre.

Quicksilver, Roxy, Billabong, Reef, etc., se font un nom et une image.

Et les filles ? *Quid* des surfeuses ? Psychonet est encore là : « Les filles peuvent s'habiller comme les garçons, mais jouent souvent sur le tableau sexy. Bikinis et pantacourts, bracelets de pied en matières naturelles, cheveux au vent : la surfeuse est de plus en plus féminine. » Le site Lookiero conseille : « Vos must-have d'un style surfeuse : le short en jean, un T-shirt vintage, une chemise hawaïenne, et aux pieds des sandales ou des mules un peu fatiguées. »

Schématiquement, on dénombre désormais trois catégories de passionnés de surf : ceux qui le pratiquent par amour de la mer, volonté de communion avec la nature, ceux qui n'y voient que l'aspect sportif et compétitif, et ceux qui en tirent profit.

Le marketing accommode le sportif *high-tech* à la sauce hippie, pour créer, à partir du surf, une source de revenus. Ce ne sont pas les ventes de planches qui vont créer de la richesse, il n'y a pas assez de pratiquants. En revanche, de plus en plus nombreux sont ceux qui profitent du spectacle et qui admirent les champions. Les surfeurs, outre leur talent, sont considérés comme « cools » et « beaux ». Déjà, objectivement, ils sont bronzés toute l'année, les cheveux blondis naturellement par l'iode et les embruns. On envie leur attitude sereine liée à l'attente de la vague. Au cœur des rouleaux déchaînés – un décor parmi les plus photogéniques de la planète –, ils sont sublimés. Même à l'entraînement (à comparer avec les photos de footeux en chasuble sur des terrains de banlieue). Ce que représentent les surfeurs devient éminemment désirable.

Pour s'identifier à eux, et éventuellement (se) laisser penser qu'on est l'un des leurs, le plus facile est déjà de s'habiller comme eux. De là est née la mode que les surfeurs vont populariser : sponsorisés par les marques, habillés par elles, ils deviennent à leur corps défendant des gravures de mode et s'habillent… comme des surfeurs.

La boucle est bouclée.

Au fait, si vous voulez sortir vos nippes de surfeur, sachez que les épreuves des JO auront lieu du 27 au 30 juillet à Teahupo'o, à Tahiti.

Bon d'accord, c'est dix-huit heures de vol depuis Paris, question bilan carbone, c'est cracra. Mais l'industrie n'en est pas à un paradoxe près.

Jusqu'à preuve du contraire…

Pourquoi les raquettes de tennis de table sont-elles rouge et noir ?

L'épreuve olympique de tennis de table se tiendra du 27 juillet au 10 août à l'Arena Paris Sud. Regardez les champions, les championnes, et rassemblez vos souvenirs de ping-pong au collège ou à l'apéro : les raquettes ont systématiquement un côté rouge, et l'autre noir. Pourquoi cette coquetterie ? Hommage à Stendhal ? à Jeanne Mas ? à une tradition bien établie ? Pas du tout.

Les couleurs sont importantes dans le tennis de table et très réglementées : la balle, les vêtements des joueurs, et la table elle-même doivent respecter des normes afin que la balle soit visible des arbitres, des joueurs et du public. La couleur des raquettes n'a pas de fonction esthétique, mais se trouve elle aussi rigoureusement encadrée.

L'article 2.4.6 du règlement sportif de la Fédération française de tennis de table stipule : « La surface du revêtement d'une face de la palette ainsi qu'une face de la palette laissée non recouverte doivent être mates, une face étant rouge vif et l'autre noire. » On notera que les pros appellent « palette » ce que tout le monde appelle une raquette, mais là n'est pas le plus important.

Dans le règlement de l'ITTF (la fédé internationale), il est précisé que le joueur a le droit d'utiliser une raquette à un seul côté muni d'un revêtement et de laisser l'autre nu. Il doit cependant peindre son bois de la couleur opposée à celle du revêtement et ne pas utiliser ce côté de la raquette au risque de perdre le point. Pourquoi ce dogmatisme chromatique ?

Un peu d'histoire. Le tennis de table est apparu à la fin du XIXe siècle en Angleterre, dérivé du jeu de paume. Il est favorisé par les grandes tables des salons bourgeois et le mauvais temps qui impose souvent de rester cloîtré. On jouait à l'époque avec des miniraquettes de tennis cordées, ensuite tendues de cuir très fin.

1902 : le Britannique Gould invente le revêtement à picots de caoutchouc.

1952 : le Japonais Hiromi Satō utilise une raquette avec une mousse épaisse, qui déstabilise ses adversaires et lui permet de remporter le titre mondial.

1977 : lors des championnats du monde de Birmingham, les Chinois (qui dominent la discipline depuis les années 1960) développent une nouvelle tactique basée sur le service et sur une utilisation astucieuse des plaques de caoutchouc : ils utilisent des revêtements de nature différente sur chaque face. Résultat : en pivotant simplement leur raquette, ils peuvent surprendre l'adversaire qui ignore quelle surface est utilisée. Le comportement de la balle ne peut être prédit, le point est plus facilement gagné.

1980 : la Fédération internationale impose une couleur différente pour chaque côté de la palette afin que le jeu soit plus lisible.

L'explication est là. Pensez-y au prochain match.

Et, si vous êtes à l'apéro, méditez cette savoureuse brève de comptoir : le tennis, c'est comme le ping-pong, sauf qu'on joue debout sur la table.

Jusqu'à preuve du contraire…

Pourquoi le rugby à XV n'est pas un sport olympique ?

Spoil : et il ne le sera sans doute jamais… L'histoire remonte à 1924. Le rugby à XV avait été intégré pour la première fois aux Jeux de 1900 à Paris, puis avait fait partie de ceux de 1908, 1920 et 1924. C'est là que tout a basculé…

La finale voit la France et les États-Unis s'affronter, le 18 mai 1924, devant 20 000 spectateurs. Or l'équipe américaine est composée de joueurs de football américain, sport habituellement porté sur la castagne, qui n'ont appris le rugby que six mois plus tôt. La finale est très tendue, les enjeux importants, et tout dérape. Les joueurs se battent, les spectateurs aussi…

Plusieurs joueurs repartent sur des brancards. Le Comité olympique est horrifié par le spectacle donné, loin des valeurs de l'olympisme et du fair-play. Cela cause l'exclusion immédiate et irrémédiable de ce sport, dont on dit souvent que c'est un « sport de brutes joué par des gentlemen » – ou en tout cas qui est censé l'être. Ce qui a été vérifié une nouvelle fois à cette occasion.

Allan Muhr, surnommé « le Sioux », était un Américain qui a joué en équipe de France. Il n'était pas sur le terrain mais il faisait partie du comité d'organisation des Jeux de 1924. Il a dit à propos de ce match et des débordements violents : « C'est ce qu'on peut faire de mieux sans couteaux, ni revolvers. » Il faut noter que les bookmakers donnaient la France victorieuse à vingt contre un. Résultat : elle a perdu 17-3, humiliée sur son sol. Les parieurs étaient particulièrement furieux de la tournure du match et de voir leurs favoris se faire taper comme au football américain.

Ce match n'eut pas comme seule conséquence d'exclure à tout jamais le rugby des JO, il affecta aussi les carrières des joueurs, mal considérés.

Une tentative de réintroduction fut notamment faite en 1936 par un tournoi européen organisé par la FIRA, Fédération internationale de rugby amateur, créée après la rupture de la France avec ses partenaires du Tournoi des V Nations. Mais la Seconde Guerre mondiale entraîna la rupture entre la France et l'Allemagne et le retour des « V Nations ».

Les derniers champions olympiques de rugby, les Américains, sont beaucoup plus intéressés par l'introduction du base-ball aux Jeux que par la défense de ce sport exotique pour eux.

Actuellement, le rugby à VII fait partie des sports olympiques, mais les passionnés du ballon ovale regardent cela de haut : ce n'est pas le « vrai rugby ».

Antoine Dupont, capitaine de l'équipe de France à XV, et élu « meilleur joueur du monde », n'est pas de cet avis. Cette année, il a fait l'impasse sur le Tournoi des VI Nations pour se consacrer au rugby à VII et participer aux Jeux.

Avec, on l'espère, la mâchoire intacte.

Jusqu'à preuve du contraire…

Pourquoi les médaillés d'argent sont-ils appelés des dauphins ?

Connaissez-vous Inal Tasoev ? Il est actuellement le dauphin de Teddy Riner, champion du monde de judo à Doha en 2023. Le Français l'a battu en finale par waza-ari. En tennis, Alcaraz est le dauphin de Djokovic, ils sont respectivement n° 2 et n° 1 mondiaux. Mais le dauphin le plus emblématique restera Raymond Poulidor, éternel second de Merckx au Tour de France.

Dans un autre genre de compétition, on connaît Miss France entourée de ses dauphines, classées deuxième et troisième.

Ce titre emprunte à la grande histoire des rois de France, le dauphin étant celui qui allait succéder à son père sur le trône.

Mais d'où vient cette appellation ? Et pourquoi un nom d'animal ?

Il nous faut remonter à plus de sept siècles, au xive, et même avant. Tout commence par un prénom : Delphinus (dauphin en latin, qui a pour féminin Delphine), que l'on donnait à l'époque comme deuxième prénom aux héritiers de deux petites régions, l'Albon et le Viennois, en hommage à Ghigo Delphinus d'Albon – francisé Guigues Dauphin – pour ses faits d'armes. Les comtes du Viennois qui portaient ce deuxième prénom se sont alors fait appeler les « Dauphins du Viennois », transformant le prénom en titre, et par extension on prit coutume d'appeler le fief de ces comtes le Dauphiné (une région qui s'étendrait de nos jours sur les Hautes-Alpes, la Drôme et l'Isère).

Louis XI est passé par là. Né le 3 juillet 1423, il dut attendre sa trente-huitième année pour devenir roi de France. En 1446, chassé de la cour par son père Charles VII, il s'exila, et choisit justement le Dauphiné, à Romans-sur-Isère puis à Grenoble. Il administra cette province pendant neuf ans, avant d'accéder au trône en 1461. Il régna jusqu'en 1483.

En 1349, Humbert II, le dernier comte des Dauphins du Viennois encore en vie, n'avait pas d'héritier. Ruiné, il fut contraint de vendre sa terre au roi de France Philippe VI. On connaît le prix : 120 000 florins (une monnaie d'or ayant cours dans la ville de Florence). C'est le traité de Romans, du 30 mars 1349.

Humbert émit toutefois une condition à cette transaction : il fallait que l'héritier du roi, de descendance directe, porte le titre de « Dauphin du Viennois ». Il voulait laisser une trace, si minime soit-elle, dans l'histoire. Accordé ! Avec le temps,

« du Viennois » disparaîtra et on dira simplement « Dauphin ».

Pour jouir de ce titre de dauphin, il fallait non seulement être l'héritier du trône, mais également descendre en ligne directe du roi (François Ier, qui n'était que le cousin de son prédécesseur Louis XII, ne fut jamais titré « dauphin »).

Depuis, le terme est entré dans le vocabulaire courant, dans tous les domaines, dès qu'un classement est établi.

Mais alors, quel rapport avec le mammifère marin ? Aucun dauphin n'a jamais nagé dans les lacs du Dauphiné, avec ou sans médaille d'argent…

La mère du premier comte d'Albon, Guigues, était fille du duc Robert Ier, qui régna sur la Sicile. Or, le blason de la ville de Tarente comporte un dauphin, et le prénom lui a été donné à cause de cela. Les artistes se sont ensuite mis à utiliser des dauphins, symbolisés, pour désigner le fils du roi de France. Un peu comme, en héraldique, il y a des lions pour illustrer la ville de Lyon. Même s'il n'y a aucun lion dans les rues de Lyon.

Jusqu'à preuve du contraire…

Pourquoi au saut en hauteur, les athlètes sautent-ils en arrière ?

Je commence par un rappel : le record du monde du saut en hauteur appartient depuis 1993 au Cubain Javier Sotomayor, avec un bond de 2,45 mètres. Pour vous faire une idée, la hauteur des buts au football est de 2,44 mètres. Si la barre des cages n'était épaisse que d'un seul centimètre, il pourrait passer les fesses par-dessus.

Oui, les fesses, car il saute avec la technique dite du fosbury, du nom de son inventeur : Dick Fosbury. Ce fut la révolution des Jeux de Mexico en 1968. Au lieu de sauter en ventral, avec la barre sous le ventre, l'Américain s'est élancé normalement, mais a fait volte-face au dernier moment, pour tourner le dos à l'obstacle. À l'entraînement, il accroissait ainsi ses performances de 15 centimètres. Le jour J, il a remporté la médaille d'or avec un bond de 2,24 mètres. Record olympique et record du monde ! Après ce coup de tonnerre, quelques concurrents ont tenté de persister avec l'ancienne technique, mais tous désormais se sont mis au « Fosbury flop ». Vous connaissez la suite, on en est maintenant à 2,45 mètres.

Mais, au fait, pourquoi franchit-on plus facilement la barre en arrière, alors que l'on court vers l'avant ? Comment expliquer l'efficacité d'un geste si peu naturel ?

À cause du barycentre. C'est en quelque sorte le centre de gravité de tout objet. Quand vous êtes debout, le barycentre se trouve au niveau du nombril. Mais certains objets ont leur barycentre à l'extérieur d'eux-mêmes, hors de leur propre matière. Par exemple un boomerang : son barycentre est le point immatériel autour duquel le boomerang tourne sur lui-même quand on le jette en l'air.

Quel rapport avec le saut en hauteur ? J'y viens.

Après son élan, l'athlète passe d'une position verticale à une position horizontale : son corps se courbe, tel un boomerang orienté vers le bas. Sa tête passe en premier, ses pieds en dernier. Son barycentre se trouve mécaniquement en dessous de la barre à franchir. À l'opposé, s'il saute en ventral, il passe d'abord le côté droit puis le côté gauche (ou l'inverse, cela ne change rien au raisonnement). Résultat : son barycentre passe au-dessus de la barre. Et cela demande plus d'énergie. Inversement le fosbury demande moins d'énergie, donc on saute beaucoup plus haut.

Pour ma part, je n'ai jamais dépassé 1,38 mètres. Peux pas faire mieux.

Jusqu'à preuve du contraire…

Pourquoi les shorts de basket sont-ils si larges ?

Vous connaissez la tenue caractéristique des joueurs de NBA, le championnat américain de basket où jouent les plus grandes stars, notamment Wemby, le Français Victor Wembanyama, phénomène de 2,18 mètres. Un maillot sans manches, avec le numéro du joueur des deux côtés et son nom à l'arrière, des chaussures pointure 45 minimum (vu la taille des joueurs, normal), des chaussettes sans intérêt particulier, et un short énorme, flottant, qui couvre parfois les genoux.

Les maillots de basket ont peu évolué avec le temps[1], en revanche, les shorts qui étaient moulants dans les années 1970 et 1980 ont subi une

1. En 2013, Adidas a tenté de lancer le maillot à manches, mais l'expérience a tourné court : les basketteurs utilisant principalement leurs bras qu'ils lèvent sans arrêt, les manches sont un réel inconvénient (sans parler de la transpiration).

révolution. On peut situer l'année : 1989. Le short (mot qui signifie « court » en anglais), le short *short*, donc, laisse place à un short mi-long, un « *baggy* ».

À cette époque, il n'y a qu'un seul équipementier, la marque Champion, qui a obtenu le droit exclusif de fabriquer les maillots de la NBA. Ce monopole favorise une standardisation des équipements.

Mais tout a changé avec l'irruption de Michael Jordan, peut-être le plus grand joueur de tous les temps, l'équivalent de Pelé au football. Il a tout gagné depuis son panier de la victoire sous les couleurs de son équipe universitaire, les North Carolina Tar Heels (face aux Hoyas de Georgetown), qui remportent ainsi le championnat étudiant de la NCAA (National Collegiate Athletic Association) en 1982.

Et il n'est pas question de mode, mais de superstition.

Une fois arrivé en NBA, le championnat pro, le très superstitieux Michael Jordan a demandé à la marque Champion de lui fournir un short trop grand, pour pouvoir planquer quelque chose dessous. Et ce n'était ni une patte de lapin, ni un fer à cheval. Sous son short des Chicago Bulls, « Air Jordan » a toujours porté, depuis 1984 et tout au long de sa carrière professionnelle, le short utilisé lors de sa victoire avec les North Carolina Tar Heels – on n'ose imaginer le nombre de lessives.

La mode est lancée. D'autres joueurs du championnat demandent à leur tour des shorts géants – Scottie Pippen est le premier en 1990. Chez beaucoup de joueurs, c'est même la superstition de Jordan qui est reprise, comme pour Kobe Bryant (il a le short de sa précédente équipe Lower Merion sous sa tenue des Lakers). Foutaises ? La revue *Psychological Science* (vol. 21, n° 7, 2010) a mené une étude qui conclut que « la superstition [...] décuple les performances en confortant la croyance qu'ont les joueurs en leurs capacités personnelles ».

Depuis, les shorts n'ont cessé de s'allonger, au point qu'en 2011 la Fédération a infligé une amende de 1 000 dollars à la joueuse Diana Taurasi pour avoir porté des shorts trop longs... Peut-être parce que ça empêchait ses adversaires de passer la balle entre ses jambes (ce qui soulève une autre question).

Depuis quelques années, la mode revient lentement aux shorts courts. Pas serrés et riquiqui comme dans les années 1970, mais quand même au-dessus du genou. L'une des stars qui ont inspiré la tendance est LeBron James. L'ailier des Lakers de Los Angeles se fait même livrer des shorts sur mesure par l'équipementier Nike, presque moulants sur les fesses. Oui, c'est ce qu'on appelle littéralement « se faire tailler un short ».

Et voici qu'une nouvelle coquetterie s'affiche sur les parquets : jouer avec un collant. Ou plus subtil encore : un demi-collant, c'est-à-dire une jambe avec, et une jambe sans. Comme faire du ski avec un seul gant.

Toujours pas compris pourquoi.

Jusqu'à preuve du contraire...

Pourquoi les sportives ont-elles peu de poitrine ?

Posons la question autrement : pourquoi les sportives n'ont-elles – presque – jamais de gros seins ? On a bien dit : presque.

« Aucune athlète n'a des seins comme les miens ! J'ai dû apprendre à m'aimer et à aimer mes courbes. » Ainsi parle la star Serena Williams, joueuse de tennis unique, dans un entretien au magazine de mode *L'Officiel*.

Une exception. Car, le plus souvent, les sportives sont relativement plates.

Pour quelle raison ?

Elles sont multiples.

D'abord, dans certains sports, les athlètes sont très jeunes, à peine pubères. La plus jeune qualifiée pour des Jeux olympiques fut Hend Zaza, une pongiste syrienne, qui n'avait que 12 ans lors des derniers Jeux de Tokyo. Alors forcément… Ajoutons à cela que certaines disciplines se pratiquent très jeune, comme la gymnastique, qui privilégie la souplesse et la légèreté. Personne n'a oublié la Roumaine Nadia Comaneci, sûrement la plus grande gymnaste de tous les temps, qui a obtenu la note parfaite de 10/10 à Montréal en 1976. Elle avait à peine 14 ans.

À la préadolescence, avec une pratique sportive ultra-intensive, les caractères sexuels sont peu marqués.

L'Académie de médecine met en garde[1] : « Une activité sportive trop intensive dans ces périodes de la vie chez des sportives de haut niveau peut engendrer des effets délétères sur la croissance, le développement osseux, le métabolisme et le développement pubertaire. » Elle détaille : « Les risques sont particulièrement à craindre dans les sports dits à silhouette ou d'apparence pour lesquels la performance est favorisée par la petite taille ou le faible poids, comme surtout la gymnastique (rythmique ou artistique), la danse, le patinage artistique, et à un moindre degré la natation synchronisée. D'autres sports sont également concernés tel le tennis, les sports d'endurance comme les courses de fond et les sports à catégories de poids. Qu'il s'agisse d'activités d'endurance, de résistance ou de sports explosifs, il existe un haut niveau de dépense énergétique qui s'associe souvent à une limitation voire un déficit des apports nutritionnels. Chez les filles les conséquences caricaturales ultimes sont la triade

1. Académie nationale de médecine, « Conséquences de la pratique sportive de haut niveau chez les adolescentes : l'exemple des sports d'apparence », 4 décembre 2018.

de l'athlète : anorexie, aménorrhée, ostéoporose. » On peut ajouter que la période d'entraînement la plus intensive chez les filles correspond à la période de la puberté, alors que chez les garçons elle est plus tardive, une fois la puberté accomplie.

Autre cause : la structure même de la poitrine explique que les sportives en soient peu pourvues. Les seins ne sont pas des muscles : ils sont en majorité composés de cellules adipeuses. Or les sportives de haut niveau brûlent beaucoup de calories et de graisses lors des compétitions et des entraînements à rallonge. Davantage que la moyenne des femmes. Leur corps va donc puiser dans toutes ses réserves, y compris la poitrine.

Pourtant, certaines championnes font mentir les statistiques. Revenons à Serena Williams. En avril 2014, elle déclarait au magazine *Fitness* : « Quand j'étais jeune, je pensais que je serais bâtie comme une athlète : grande et maigre, pas avec une silhouette féminine. Les gens de mon âge ont commencé à venir vers moi et à me dire : "Je t'aime pour le corps que tu as." C'est très motivant. J'ai donc appris à être fière de mes courbes et à accepter mes gros seins. »

Un cas rare sur le circuit pro. La joueuse de tennis roumaine Simona Halep a pris une décision radicalement différente : elle s'est fait opérer pour réduire sa poitrine, qu'elle trouvait gênante. Avec des seins lourds, expliquait-elle, elle était défavorisée sur le court, ayant plus de poids à déplacer.

Enfin, il y a aussi la question de la tenue, de l'équipement. La société SDPO (Sport, Développement, Performance, Organisation) a consacré un article aux « spécificités de la femme sportive ». On y lit des considérations de physique mécanique. Car la poitrine n'échappe pas aux lois de Newton : « À seins libres, on peut observer une accélération verticale très élevée induisant un poids relatif du sein 5 à 6 fois supérieur à son poids de base (1 420 g vs 260 g). » D'où l'importance d'avoir un soutien-gorge spécifique, voire une brassière, qui plaque la poitrine sur le torse afin d'en limiter les mouvements. Conséquence visuelle : cela favorise l'impression que les femmes sportives ont peu de poitrine.

Jusqu'à preuve du contraire…

Pourquoi est-il interdit à un joueur de foot d'enlever son maillot pour célébrer son but ?

C'est l'action la plus conne du football moderne : écoper d'un carton jaune après avoir marqué, alors que tu n'as commis aucune faute. Les commentateurs s'égosillent au micro : « Ce règlement est stupide ! Mais le joueur lui aussi est stupide : puisqu'il connaît ce règlement ! » Même les plus grands. En 2021, pour son premier match avec la Juventus, Cristiano Ronaldo marque de la tête contre Udinese. Il retire son maillot pour célébrer le but, et reçoit un carton jaune. Un carton pour rien : le but a finalement été refusé par l'arbitrage vidéo.

Depuis 2004, l'article 12 du Conseil de l'association internationale de football ne rigole pas avec la joie du buteur : « Les manifestations de joie raisonnables sont autorisées. (Ouf !) Toutefois, les célébrations orchestrées ne doivent pas être encouragées si elles entraînent une perte de temps excessive. Dans ce cas, les arbitres doivent intervenir. Un joueur doit être averti s'il fait des gestes provocateurs, moqueurs ou incendiaires [*sic*] ; s'il grimpe sur les grilles entourant le terrain pour célébrer un but ; s'il enlève son maillot ou s'en couvre la tête ; s'il recouvre son visage d'un masque ou autre article analogue. » Spoil : le règlement olympique est tout aussi sévère.

Certes, on comprend qu'il soit déplacé de faire un doigt d'honneur à l'adversaire, ou le salut nazi. Mais pourquoi devoir garder impérativement son maillot ? Par décence ? Non. Les joueurs sont sanctionnés même s'ils portent un T-shirt par-dessous. Plus plausible, l'argument économique : le fait d'enlever le maillot occulterait le nom du sponsor au moment où la caméra fait des gros plans ? Ça ne tient pas non plus : pendant la Coupe du monde (comme aux JO), il n'y a pas de sponsor sur les maillots, et c'est là où la FIFA est la plus regardante.

On doit l'interdiction de célébrer topless à Diego Forlán. En 2002, après avoir marqué avec Manchester United contre Southampton, l'Uruguayen n'avait pas réussi à remettre son maillot ; la faute aux deux couches de tissu utilisées alors pour la confection. Ajoutez-y la transpiration et la fébrilité. Après le coup d'envoi suivant son but, l'attaquant a été contraint de courir après le ballon torse nu, son maillot à la main. Ridicule. La FIFA a sauté sur l'occasion pour réglementer, ajoutant qu'enlever son maillot pourrait s'avérer dangereux en plus d'être un facteur de ralentissement du jeu.

Une perte de temps, vraiment ? Juste un prétexte pour Bruno Derrien, ancien arbitre international français, auteur de l'ouvrage *À bas l'arbitre* : « La FIFA veut garder une certaine neutralité et surtout, ne veut pas que les fédérations soient gérées par les pouvoirs politiques. »

Les T-shirts à message sont apparus dans les années 1990, en Premier League anglaise, puis la mode s'est étendue à tous les terrains du monde. Le joueur qui a le plus fait couler d'encre est le Malien Frédéric Kanouté sous les couleurs du FC Séville. En 2009, après un but, il avait dévoilé un T-shirt de soutien à la Palestine. En 2013, l'Ivoirien Didier Drogba a failli être suspendu en Turquie pour un hommage rendu à Nelson Mandela.

Après la politique, la religion. En finale de la Ligue des champions 2007, le Brésilien Kaka avait affiché « *I belong to Jesus* ». Et lors du Mondial 2002, le Sénégalais El-Hadji Diouf avait montré le visage du théologien musulman Ahmadou Bamba. Moins polémiques, mais non moins prohibés, les innombrables messages personnels : pour les potes, la famille, l'épouse, un enfant (Romario dévoilant la trisomie de sa fille lors de son match d'adieux).

Et à Paris 2024 ? Pareil. L'article 50 des règles de compétition du CIO stipule que « les joueurs ne doivent pas enlever leur maillot ou autre équipement de protection sur le terrain de jeu ou dans la zone technique ».

Cette règle a été introduite en 2004, pour des raisons similaires à celles de la règle de la FIFA. Elle vise à maintenir l'ordre et le respect sur le terrain de jeu, et à éviter toute forme de provocation ou d'exhibitionnisme.

Les joueurs ne sont pas plus autorisés à exprimer des opinions politiques ou religieuses. Ils ne peuvent pas non plus faire de gestes offensants ou provocateurs.

À la limite, un coucou à maman.

Jusqu'à preuve du contraire…

Pourquoi au football le numéro 10 porte-t-il le numéro 10 ?

10 Question tautologique ? Pensez-vous que je découvre la couleur du cheval blanc d'Henri IV ? Du tout.

Je m'adresse ici aux profanes : sur le terrain, le joueur qui porte le numéro 10 a ceci de particulier qu'on l'appelle souvent « le numéro 10 ». Contrairement à celui qui porte le numéro 9 qu'on appelle en général l'avant-centre, ou le buteur. Car les joueurs ont un nom de poste : il y a donc l'avant-centre, le défenseur central, le latéral gauche, l'ailier droit, le demi-défensif, etc. Le numéro 10, lui, jouit d'un statut particulier.

Vous voulez quelques numéros 10 célèbres ? Quasiment tous les plus grands. Neymar, le plus gros transfert de l'histoire du football avec ses 222 millions d'euros, et son compère Messi, Ballon d'or 2023 (son 8e), pour certains le meilleur joueur de toute l'histoire. Ajoutez à cette liste le carré de rois : Zidane, Maradona, Platini, Pelé. Tous portaient le numéro 10. Et si Mbappé est présent aux Jeux, ce sera lui le 10 de l'équipe de France.

C'est en 1912 qu'apparaissent pour la première fois des chiffres sur le maillot des joueurs. En Australie. Pourquoi là-bas ? Ne me demandez pas, je cherche encore. La numérotation sur les maillots est imposée depuis la Coupe du monde 1950 au Brésil. Longtemps, le numéro de chaque joueur était attribué à un poste particulier, en fonction de sa position sur le terrain – comme c'est le cas au rugby –, et non pas à tel ou tel en nom propre.

Désormais, un joueur ne change plus de numéro, même s'il change de poste. Pour quel motif ? Le business. Les impératifs du marketing imposent que le joueur conserve le même numéro tout au long de la saison pour pouvoir vendre son maillot floqué aux supporteurs (Cristiano Ronaldo qui joue avec le 7 a baptisé sa marque de produits dérivés CR7).

Autrefois, le gardien de but portait le numéro 1, les arrières latéraux le 2 et le 3, la défense centrale le 4 et le 5. Les milieux de terrain avaient les numéros pairs : 6, 8 et 10, et les attaquants les numéros impairs : l'ailier gauche le 11, l'ailier droit le 7, et le 9 pour l'avant-centre[1].

Tout ce bel ordonnancement a valsé avec l'irruption de Michel Platini dans les années 1980. Le

1. Cette classification se retrouve dans le football du XXIe siècle même si quelques stars ont des numéros qui dépassent le 11 (la voie avait été ouverte par le mythique Hollandais Johan Cruyff qui exigeait d'arborer ce qui était alors considéré comme un numéro de remplaçant : le 14).

génial Français, triple Ballon d'or, était capable de tirer des deux pieds, d'orienter le jeu, de dribbler, de déborder, mais également de marquer des buts tout seul. Avant lui, quand une équipe récupérait le ballon sur sa droite, elle jouait avec son milieu droit. Si elle récupérait la balle à gauche, elle enquillait avec le milieu gauche. Platini a changé à lui tout seul la physionomie du football. Quand son équipe avait le ballon (Nancy, puis Saint-Étienne, puis l'équipe de France, puis la Juventus de Turin), elle l'envoyait à Platini, qui ensuite orientait le jeu. Exactement ce qui s'est passé ensuite avec Zidane ou Messi.

Ces joueurs sont à la fois des milieux de terrain et des attaquants, à la fois devant et au milieu ; à la fois à droite et à gauche. Voilà pourquoi, par commodité, on les appelle des « numéro 10 ». Car ils portent le 10, et ils font ce qu'ils veulent sur le terrain.

Et parfois même, comme le fantasque Ronaldinho, en dehors du terrain.

Jusqu'à preuve du contraire…

Pourquoi y a-t-il des équipes de cyclisme, alors que c'est un sport individuel ?

Le Tour de France 2024 précédera les Jeux olympiques. Les deux grands favoris sont Jonas Vingegaard, double vainqueur 2022-2023, de l'équipe Visma (ex-Jumbo-Visma), et son challengeur Tadej Pogačar (équipe UAE).

Et pour les JO ? Total suspense ! Les formations de sponsors n'ont pas leur place aux Jeux, remplacées par des équipes nationales. Les cartes seront rebattues, car Jonas Vingegaard courra pour son pays, le Danemark, et Pogačar pour la Slovénie.

Seulement 90 coureurs seront présents sur la ligne de départ au Trocadéro. Un nombre bien inférieur à celui des courses habituelles (ils sont 176 au Tour de France). Combien aux JO par pays ? C'est le classement mondial des 8 meilleurs nationaux qui déterminera l'effectif de la délégation. Cinq nations auront droit à 4 coureurs, la France l'espère, mais ce nombre peut descendre à 3. Une différence énorme : c'est 25 % de forces en moins, rappelle Thomas Voeckler, le directeur sportif.

Pourquoi cette importance du collectif, alors qu'un seul coureur prendra la médaille d'or ? Parce que le meilleur cycliste du monde n'a aucune chance de remporter une grande course s'il ne dispose pas d'une bonne équipe.

Question de physique élémentaire. Sur votre vélo, vous luttez contre trois forces : le frottement des pneus sur la route, la gravité si vous êtes en montée, et la résistance de l'air. Or il se trouve que la contrainte aérodynamique varie en fonction du carré de la vitesse ; c'est-à-dire que si vous pédalez deux fois plus vite, cela devient quatre fois plus difficile.

Sur le plat, le peloton roule aux alentours de 50 km/h, mais il serait surhumain de tenir ce rythme quatre heures de suite. La technique : les coureurs se relaient en tête. Ils prennent le vent à tour de rôle, puis se laissent glisser dans le sillage d'un collègue, « dans la roue » ou « à l'abri », comme on dit dans le jargon.

Ainsi travaille une équipe cycliste. Le leader est secondé par ses coéquipiers qui roulent devant lui, afin qu'il atteigne sans trop d'efforts le pied des cols (pour les grands tours), ou le final sur les « classiques » d'une journée. Ensuite c'est à lui de jouer.

Est-ce que tout le monde peut être leader ? Assurément non, car il faut avoir la capacité de surpasser les leaders des équipes concurrentes.

Corollaire : pourquoi les leaders sont-ils des leaders ? Parce que plus la pente s'accroît, plus la vitesse diminue, et donc moins la résistance de l'air entre en ligne de compte. Chacun est seul face à la montée. Là, il faut avoir le talent pour grimper. *Idem* pour le contre-la-montre. À condition d'avoir économisé ses forces auparavant. Grâce au travail d'équipe.

CQFD.

Jusqu'à preuve du contraire…

Pourquoi les nageurs qui gagnent la course sont presque toujours dans un couloir du milieu de la piscine ?

J'avoue : j'adore les arrivées survoltées des courses de natation, avec la barre virtuelle du record olympique qui avance sur l'écume en narguant les athlètes, à deux ou à trois dans le sprint final au centre du bassin, avec les autres qui suivent en V inversé, comme un vol d'oies dans le ciel.

Mais comment se fait-il que le vainqueur soit presque toujours au centre ? Est-ce que cette position favorise la performance, ou est-ce qu'on la réserve aux meilleurs ?

Un peu des deux, mon capitaine.

D'abord, sachez que, dans les piscines dites « olympiques », quel que soit le nombre de couloirs – 8 ou 10 –, il y a toujours deux espaces vides de chaque côté du bassin. Ensuite, comment les places sont-elles attribuées ?

C'est très précis. Autant que la pole position en F1. Le règlement de la FINA (Fédération internationale de natation) stipule : « L'attribution des couloirs doit se faire en plaçant le nageur le plus rapide ou l'équipe la plus rapide dans le couloir central de la piscine avec un nombre impair de couloirs, ou dans le couloir 3 ou le couloir 4 respectivement dans les piscines à six ou huit couloirs. Le nageur détenant le temps le plus rapide suivant doit être placé à sa gauche, puis en alternant les autres à droite et à gauche selon leurs temps respectifs[1]. Les nageurs ayant des temps identiques se verront attribuer leurs numéros de couloir par tirage au sort. »

Ça ne rigole pas non plus au niveau colorimétrique. Voici ce que prévoit le règlement pour les bassins comportant 10 couloirs : « deux (2) lignes vertes pour les lignes 0 et 9 ; six (6) lignes bleues pour les lignes 1, 2, 3, 6, 7 et 8 ; trois (3) lignes jaunes pour les lignes 4 et 5. »

Les nageurs placés dans les couloirs 4 et 5 sont bien ceux qui ont fait les meilleures performances lors des tours précédents. L'objectif est d'avantager les meilleurs éléments en leur offrant les conditions les plus favorables.

Car les couloirs centraux sont les meilleures places du bassin. Les mouvements des différents nageurs

1. Le couloir numéro 1 est sur le côté droit de la piscine lorsqu'on fait face à la piscine depuis l'extrémité de départ.

créent des vagues qui viennent frapper les bords de la piscine, créant des turbulences qui gênent les nageurs se trouvant sur les bords. Ces remous sont minimes, pour ne pas dire infimes, mais, en natation, une course se joue parfois au centième de seconde, comme aux JO 2008 à Pékin. Dans le 100 mètres papillon hommes, Phelps avait battu Čavić d'un 100e (l'info du chronomètre a été validée par les images des caméras très grande vitesse).

Autre avantage de la position centrale : elle offre une meilleure visibilité sur les concurrents de gauche et de droite.

Cela dit, s'il suffisait de partir au centre pour empocher une médaille, ça se saurait. Car l'hydrologie donne dans la complexité.

Le phénomène a été quantifié par des chercheurs américains dans une étude publiée en 2017 dans le très sérieux *Journal of Sports Sciences*[1]. Ils ont analysé les résultats de centaines de compétitions, dans toutes les nages, mais aussi sur toutes les distances (du 50 au 1 500 mètres).

Résultat : il existe bel et bien un gain offert par les couloirs du milieu.

Une piscine olympique a une longueur de 50 mètres. À cause des courants créés par les mouvements des nageurs, les couloirs du milieu sont avantagés à la première longueur, l'aller. Si la course fait seulement 50 mètres (un aller simple), les nageurs des lignes 4, 5 et 6 vont gagner en moyenne 0,16 seconde.

1. Brammer C., Cornett A., Stager J., « Lane bias in elite-level swimming competition », *Journal of Sports Sciences*, 2017, février n° 35 (3), p. 283-289.

Mais quand la distance de la course s'allonge, le phénomène inverse se produit : au retour, les remous désavantagent cette fois les couloirs du milieu, ce qui rétablit un équilibre avec ceux du bord.

Alors ? Superstition ou effet véritable ? L'apport psychologique du couloir central est indéniable. Les coachs savent que se trouver au centre offre une meilleure visibilité médiatique, ce qui agit parfois inconsciemment comme un booster.

Parfaitement légal.

Jusqu'à preuve du contraire…

Pourquoi les hooligans s'appellent-ils les hooligans ?

On ne sait que trop ce qu'est un hooligan : un supporteur de football davantage intéressé par la baston, dans le stade ou en dehors, que par le match. D'où vient ce terme ? Quel rapport avec le football ? Aucun. Pas même avec le sport. J'ai sorti mon dictionnaire historique. Hooligan : le mot existe en français depuis plus de un siècle. Clemenceau écrit un reportage sur le sujet dans le quotidien *L'Aurore* dès l'année 1900 – oui, le grand Clemenceau, avant d'être un homme politique, fit un passage remarqué par le journalisme. Il cite le journal britannique *The Daily Graphic*, et nous informe : « Les hooligans sont ces jeunes voyous que rien n'arrête et qui sont encore, dans plusieurs districts, la terreur des citoyens paisibles. » Il s'agit à l'époque de jeunes des rues, des apaches, disait-on, en aucune façon des supporteurs des premiers clubs de foot naissants (le premier championnat anglais se déroule en 1888-1889).

D'où vient ce terme ? Cette fois, j'ai sorti le dictionnaire bilingue *Harrap's*. « Hool » ne signifie rien, « Hooly » non plus, et « Gan » encore moins.

En revanche, Hooligan existe dans le dico des noms propres. Patrick Hooligan était un ivrogne irlandais qui traînait dans les bas-fonds de Londres à la fin du XIXe siècle et faisait parler de lui à cause de ses bagarres sanglantes. Son nom apparaît pour la première fois dans les colonnes du quotidien *The Daily News* en 1898. Il finira condamné à la prison à vie pour le meurtre d'un policier.

Le terme « hooligan » passera définitivement dans le domaine public à cause de la notoriété d'une autre famille irlandaise, elle aussi très violente, elle aussi émigrée à Londres, les Houlihan, qui avaient la réputation de se battre sans raison. Parfois entre eux.

L'hypothèse la plus probable est que les familles Hooligan et Houlihan n'aient aucun lien entre elles. Toutefois, par effet d'assonance, le terme « hooligan » sera utilisé de manière générique pour désigner toute personne issue des milieux populaires et violents de Londres à la fin du XIXe siècle.

Il reste environ deux cents personnes au Royaume-Uni qui portent ce nom de famille, dont la plupart vivent en Irlande du Nord. Les Hooligan ont presque disparu, les hooligans pas encore.

Jusqu'à preuve du contraire…

Pourquoi les ballons de basket sont-ils orange ?

Le ballon de basket a été créé en même temps que le basket-ball lui-même par un certain James Naismith en 1891. Qui ? Naismith, un Canadien, professeur de culture physique à l'université de Springfield (États-Unis), qui voulait inventer un sport qui puisse se pratiquer hiver comme été, mais moins violent que le football ou le rugby en salle. Les ballons de l'époque, comme pour les autres sports, étaient faits de cuir et donc marron foncé. Pendant un bon demi-siècle.

En 1957, la marque Spalding (fondée par l'ancien joueur de base-ball A.G. Spalding) reprend le championnat universitaire et crée un ballon orange. Pourquoi ? Évidemment pour faire parler, mais aussi parce que la couleur orange – comme le rouge – est une teinte qui attire l'œil. D'autant qu'au même moment la photographie couleur commence à envahir les magazines, puis gagne le grand public. Mais, quitte à jouer les contrastes, pourquoi pas blanc comme la plupart des ballons de football, qui eux aussi ont évolué et abandonné le marron dans les années 1950-1960 ?

Parce que le blanc est salissant !

Sur un ballon de foot, les traces d'herbe et de terre s'éliminent facilement à l'eau. Alors que les petites scories du parquet de basket, de son revêtement, restent comme incrustées dans la matière du ballon. À force de rebondir et d'accrocher le sol et les panneaux, un ballon de basket blanc deviendra gris clair, puis gris foncé. Or la couleur « orange foncé » reste perçue par nos yeux comme de l'orange. (Le rouge sali, lui, devient framboise écrasée.)

C'est d'ailleurs pour cette même raison que les véhicules des Ponts et Chaussées et de la voirie ont longtemps été orange : la boue les affectait moins qu'un autre coloris. *Idem* pour les premiers TGV : orange. Vous allez me dire qu'ils sont aujourd'hui gris. Bien observé. Et pour cause : du gris plus ou moins foncé reste fondamentalement du gris.

Pourquoi ne pas avoir fait des ballons de basket gris ? Parce qu'ils seraient moins visibles.

La boucle est bouclée.

Jusqu'à preuve du contraire…

Pourquoi les bodybuilders ne gagnent-ils jamais aucune médaille ?

Admirez les culturistes à la salle de sport : ils déplacent des tonnes de fonte, soulèvent des quintaux avec leurs mollets, mettent à l'équerre le sac de sable d'un seul coup de poing ; leurs bras, jambes, et abdos semblent bioniques. Et pourtant, jamais on n'a vu un bodybuilder gagner un sprint aux JO, ni une étape du Tour de France. Aucun n'a jamais été champion du monde de boxe. Et même dans le cas de disciplines très « musculeuses », aucun Monsieur Muscle n'a jamais été médaillé en haltérophilie, un comble pour des gars qui passent des heures sous les haltères ! Par quel mystère ?

C'est que les bodybuilders et les vrais sportifs n'ont pas tout à fait les mêmes muscles. La relation est complexe entre la taille d'un muscle et son efficacité. Tout d'abord cette évidence : plus un muscle est gros, plus il peut fournir de force. Certes, mais avec des limites. Au fur et à mesure que le muscle s'épaissit, son efficacité cesse d'augmenter. À cause de changements dans son architecture interne. Et aussi une question très technique de dilutions des protéines (ce sont elles qui sont responsables de la contraction musculaire).

Ces mécanismes physiologiques sont d'une extrême complexité, mais ce qui nous importe ici est leur conséquence : il existe une taille optimale pour un muscle, au-delà de laquelle l'augmentation de son volume n'apporte pas de gain proportionnel de force. En clair : des muscles trois fois plus gros ne feront pas de vous quelqu'un de trois fois plus fort.

En outre, le fait de pouvoir soulever un énorme poids (ce qui relève de la force) ne signifie pas que vous pourrez le faire rapidement (question de puissance). Or c'est de puissance qu'ont besoin les coureurs comme les boxeurs. Rien ne sert d'avoir 55 centimètres de tour de biceps si votre poing avance lentement vers la mâchoire de votre adversaire. C'est pour cela qu'une Twingo bat un tracteur à la course, même si le moteur du tracteur est bien plus puissant.

La différence entre les culturistes et les athlètes classiques saute aux yeux à l'entraînement. Les culturistes travaillent avec des charges énormes, inhumaines au sens littéral du terme, alors que, la plupart du temps, les sportifs travaillent avec leur propre poids.

Le cœur de l'explication est là : porter des charges de plus en plus grosses a pour conséquence non pas de fortifier le muscle, mais simplement de lui faire prendre du volume. C'est le but, mais c'est un but esthétique, et non pas sportif.

Dernière observation : les bodybuilders s'enduisent d'huile pour faire ressortir les reliefs de leur musculature par effet de miroitement ; ils passent devant un jury, pas devant un chronomètre.

Moralité : la taille ne fait pas tout.

Jusqu'à preuve du contraire...

Pourquoi le tournoi de Roland-Garros se joue-t-il sur de la terre orange ?

Le tournoi de tennis olympique se déroulera sur la terre battue de Roland-Garros. Certains la voient orange, d'autres plutôt rouge. Pour beaucoup, c'est la couleur réglementaire de la terre battue, entre orangé-rouge et rouge-orangé, ocre comme on dit savamment.

Pourquoi ce coloris ? La terre sous Paris serait-elle orangée, comme dans certaines régions de Provence ? Pas du tout. Elle est tout platement marron.

Un peu d'histoire. Quand il a été inventé par Walter Clopton Wingfield, le tennis s'appelait *lawn tennis*, tennis sur gazon, c'est ainsi qu'il a été breveté en 1877 à la chambre des métiers de Londres. Comme son nom l'indique, ce sport se pratiquait sur une pelouse, et c'est toujours le cas à Wimbledon.

Mais, lors de l'été 1880, les frères Ernest et William Renshaw, les grandes vedettes du tennis de l'époque, se trouvent sur la Côte d'Azur où ils donnent des cours de tennis aux riches Anglais en villégiature. À Cannes exactement. Là ils sont déçus par les conditions de jeu : l'herbe est brûlée par le soleil. Ils ont alors l'idée de substituer au gazon de la terre battue, une surface utilisée à l'époque pour de nombreux sports, la course à pied évidemment (cf. les pistes d'athlétisme en cendrée), mais aussi le football. Le sous-sol cannois était-il ocre ? Négatif, pas davantage en 1880 qu'aujourd'hui. Il est tristement sombre, rien à voir avec les lumineuses terres orangées du Luberon. Alors, pour augmenter le contraste entre la surface et la balle, les jumeaux Renshaw décident de recouvrir les courts de tennis d'un mélange coloré. D'où leur est venue l'idée ? Ils avaient découvert à Vallauris, devant un atelier de potiers, un amoncellement de poteries cassées. Le résultat est spectaculaire. Lors de la construction du stade de Roland-Garros en 1928, les architectes reprendront cette trouvaille. La couleur n'a plus changé depuis.

Après s'être ravitaillée dans une briqueterie de Waziers (Nord), la Fédération française de tennis (FFT) a changé de fournisseur. La nouvelle brique pilée provient depuis 2001 d'une usine située à Pontpoint, dans l'Oise. Elle est fabriquée à partir d'argile rouge. La composition a varié, mais la couleur mythique a été conservée.

Jusqu'à preuve du contraire…

Pourquoi les lutteurs portent-ils ce maillot, hum… chelou ?

Aux JO de Paris, deux luttes seront en lutte : la libre et la gréco-romaine, du 5 au 12 août sur le Champ-de-Mars. L'endroit est tout trouvé. Les Grecs anciens admiraient ce combat à mains nues, vu comme un art militaire sans armes.

La lutte était présente dès la première édition des Jeux antiques, sept siècles avant notre ère, celle que nous appelons la « lutte gréco-romaine ». Quelle différence avec la lutte libre ? En lutte gréco-romaine, on a seulement le droit d'attaquer le haut du corps, alors que la lutte libre permet d'effectuer des prises sur les jambes, y compris avec les jambes.

Dans les deux disciplines, le but est de plaquer les omoplates de l'adversaire au sol, stade ultime du combat, ou, pour accumuler les points, réaliser des techniques de renversement sur le côté. Les assauts durent six minutes (deux rounds de trois minutes).

Pas de chrono à Olympie ! Dans l'Antiquité, le combat ne s'achevait que lorsque l'un des lutteurs reconnaissait sa défaite. Pas de vêtements réglementaires non plus, car pas de vêtements du tout : les athlètes luttaient entièrement nus ! Avec défense de mordre et de s'attaquer aux parties intimes.

Les femmes mariées avaient interdiction d'assister aux épreuves, à l'exception notable de la prêtresse de Déméter, l'une des seules personnes à disposer d'une place assise dans le stade (40 000 places).

Mais revenons en 2024. La tenue, donc…

Comment décrire le maillot des lutteurs ? Il doit être d'une seule pièce, très échancré. Rouge ou bleu. Vu de face, deux bretelles passent par-dessus les épaules et se réunissent en une seule, centrale, dans le dos. Le justaucorps laisse apparaître les bras évidemment, les aisselles, le haut de la poitrine, voire les tétons. En bas, c'est comme un bermuda fin et moulant, très très moulant.

Ces longues bretelles qui soutiennent un petit short en lycra attirent les quolibets de ceux qui ne connaissent pas ce sport, et aussi quelques fantasmes. On n'est pas loin du fameux maillot de bain de Borat.

Pourtant, cette forme saugrenue a des justifications très rigoureuses.

D'abord, il est important que la quantité de tissu soit limitée : le poids est primordial à la lutte, tout autant que le fait de ne pas présenter de prises à l'adversaire. Le tissu est extensible, pour coller au corps des athlètes. Le règlement interdit de saisir le maillot pour réaliser ses prises.

Le dégagement des épaules et du torse maximalise également la liberté de mouvement, élément indispensable.

Pourquoi ne pas seulement mettre un petit caleçon, comme en natation ? Parce que la décence impose de sécuriser l'habillement, afin qu'un geste malheureux n'expose pas l'anatomie des gaillards : d'où les bretelles, façon body.

Les maillots doivent comporter un marquage rouge ou bleu. Pour que les arbitres puissent s'y retrouver dans cet entrelacs.

Les lutteurs portent également des chaussures souples, sans aspérités pour ne pas blesser l'adversaire, des chevillères (protège-lacets) de même couleur que le maillot, et un casque pour protéger les oreilles.

Jusqu'à preuve du contraire…

Pourquoi le break dance est-il sport olympique en 2024 ? Et seulement en 2024 ?

Wesh ! Frero et Sista ! Y a du nouveau dans les épreuves des JO 2024 à Paname On va sédan sur la teuté !

Blague à part, le break dance – ou breaking – sera sport olympique pour la première fois en 2024. Les épreuves se dérouleront les 9 et 10 août sur la place de la Concorde, le cœur de Paris.

Bon, ce n'est pas encore l'ultime consécration. C'est un premier pas. Qui ne sera pas suivi d'un second, puisque la discipline (on le sait déjà) n'est pas retenue pour 2028 à Los Angeles.

Le break dance n'est pas le seul sport additionnel de cette olympiade : le surf, le skateboard et l'escalade en seront aussi. Mais ces trois derniers seront reconduits aux JO de 2028.

Un peu d'histoire récente. Le breaking a fait son apparition aux Jeux olympiques de la jeunesse de Buenos Aires en 2018, et le succès rencontré alors a poussé le Comité olympique à le mettre en avant en 2024, car il entre parfaitement dans les critères qui font qu'un sport devient olympique (voir page 25). C'est un sport démocratique, qui plaît aux jeunes et pourrait créer un lien fort entre les générations. Pourquoi alors le couper dans ce bel élan ?

En 2028, ce sont les États-Unis, et plus précisément Los Angeles, qui organisent les Jeux. Et ce sont eux qui ont renâclé à accueillir le breaking. Pourtant, il est largement pratiqué dans ce pays. Il est même né là-bas dans les années 1970. Issu de la culture hip-hop, il s'est inventé en parallèle avec le graffiti et surtout le rap, sur lequel il s'appuie. Dans les soirées du Bronx, les danseurs rivalisaient par des figures au sol et des élans acrobatiques. La « battle » est une manière pour les gangs de s'affronter pacifiquement.

D'*underground*, la culture hip-hop est devenue *mainstream*. En 1984, TF1 lui consacrait une émission hebdomadaire (présentée par Sidney). Depuis, même en France, le rap est le genre musical en tête des ventes, devant la variété et le rock.

Nous voici donc à Paris 2024. Le CIO s'enthousiasme : « La compétition de breaking sera composée de deux épreuves, une masculine et une féminine, qui verront respectivement 16 B-Boys et 16 B-Girls s'affronter dans des battles spectaculaires. Les athlètes enchaîneront les « *powermoves* » comme les coupoles, les six-step ou encore les freezes en s'adaptant et en improvisant sur le son du DJ pour s'adjuger les votes des juges, et remporter le premier titre olympique de breaking. »

Le premier et peut-être le dernier.

À chaque olympiade, le pays hôte a le droit de choisir cinq sports additionnels. Si le CIO ne décide pas de les intégrer dans l'édition suivante, et le pays hôte suivant non plus, ils sortent des JO. Par exemple, la pelote basque était aux Jeux de Barcelone en 1992, mais, pas assez connue ailleurs, elle n'a pas été retenue pour Atlanta 1996.

Le surf, l'escalade et le skateboard, déjà sports additionnels à Tokyo 2020 et à Paris, seront sports officiels à Los Angeles. L.A. a choisi comme sports additionnels le base-ball/softball, le cricket, le flag-football (variante du foot américain sans contacts), la crosse et le squash. Mais pas le break dance. Pour quelle raison ?

Manifestement, les organisateurs américains ont suivi une logique différente de celle de Paris, disons plus, hum… commerciale. Il ne s'agit pas de mettre en avant des sports gratuits, mais bien d'imposer des sports américains avec leur écosystème. Le breaking est une pratique de rue, développée dans les quartiers les moins favorisés, l'explication est sans doute à chercher de ce côté.

Le base-ball, le softball, le squash, le flag football et le jeu de crosse demandent une grosse infrastructure, des équipements et des tenues spécifiques. Un régal pour les sponsors. Pour danser sur une dalle de béton, en revanche, pas besoin d'équipement cher, ni de matériel technique de pointe : ce n'est pas une très bonne affaire pour l'industrie du sport.

Du côté des « breakeurs », les avis sont partagés. Certains voient la présence de leur art aux Jeux olympiques comme une consécration. D'autres estiment que cette institutionnalisation va à l'encontre du caractère « pirate » de la discipline, et de la liberté qui la caractérise.

Mieux vaut être seul que mal accompagné.

Jusqu'à preuve du contraire…

Pourquoi les boxeurs portent-ils des gants ?

C'est connu. Pour signifier qu'on veut tabasser un adversaire, on enfile des gants de boxe.

L'acmé de ce cliché s'est déroulée en direct au 20 heures de France 2. Au printemps 1994, un débat a été organisé entre Bernard Tapie et Jean-Marie Le Pen, peu avant les élections européennes. Le présentateur Paul Amar avait alors sorti d'un sac deux paires de gants de boxe, en disant : « J'ai pris quelques précautions, grâce à la gentillesse de Decathlon (cela ne coûte rien à la maison France 2). On ne sait jamais, si ça se passe mal, comme je veux éviter des traumatismes ou des coups, voici des gants... » Comme pour conjurer sa crainte que la confrontation ne tourne littéralement au pugilat.

Les combats de boxe faisaient déjà partie des Jeux olympiques antiques. Il n'existait alors pas de catégories de poids, de limite de temps ou de victoire aux points. Les précisions historiques du CIO font froid dans le dos : les boxeurs qui ne parvenaient pas à se départager pouvaient demander un *klimax*, système qui consistait à se frapper à tour de rôle, sans esquive possible – le premier à frapper étant désigné par tirage au sort.

Comme dans les autres sports de combat (lutte, pancrace), les boxeurs pouvaient abandonner en levant les index… mais certains mouraient avant d'en avoir le temps.

On demandait aux boxeurs de ne pas attaquer les parties génitales. Ils boxaient nus, mais ils portaient déjà des bandages en cuir, pour protéger leurs mains, notamment les petits os des articulations, très fragiles.

Les gants de boxe tels que nous les connaissons ont été inventés au début des années 1700 par le boxeur britannique Jack Broughton, qui a eu l'idée de les rembourrer. Les gants sont devenus obligatoires à partir de 1867 en Angleterre, puis dans le reste du monde. Dans quel but ?

Si les gants protègent les mains du frappeur, ils atténuent également l'impact pour l'adversaire : ils évitent les blessures ouvertes, et donc les saignements.

Mais à l'inverse saviez-vous que le gant permet aussi d'augmenter la force des coups ? Pour une vitesse de déplacement identique, un poing plus lourd fait plus mal, car l'énergie cinétique dépend de la masse. Le poids des gants de boxe utilisés aux Jeux olympiques est fixé très précisément, au demi-gramme près : il est de 10 oz, mesure anglaise qui correspond à 283,50 g. Conséquence paradoxale : avec ce poids supplémentaire, les K.-O. sont plus nombreux avec des gants que dans le combat à mains nues ou avec de simples bandages. Donc les combats plus courts.

Globalement, les gants protègent davantage la main du frappeur que le visage du « frappé ». Ils permettent de frapper plus fort sur les parties dures du corps, notamment la tête. Le champion du monde Mike Tyson en a fait l'amère expérience quand il s'est battu dans la rue avec le poids lourd Mitch Green : il s'est cassé la main, et a dû reporter son combat suivant. Le crâne humain est une surface très dure si on la frappe avec une main non protégée, surtout avec le punch de Tyson !

Jusqu'à preuve du contraire…

Pourquoi fait-on rebondir le ballon de basket ?

Les stars du basket, on dirait qu'elles ont un aimant dans la main !

Le dribble est une technique d'une grande complexité. D'abord, il faut dribbler avec les doigts, en évitant de taper le ballon de la paume, mais en utilisant toute la surface des phalanges pour lui imprimer force et direction. Et, bien sûr, des deux mains ! Ensuite, il faut le maintenir à la bonne hauteur. Un ballon qui rebondit trop haut, c'est l'occasion offerte à l'adversaire de le chiper. On le fait rebondir le plus près possible de ses pieds, toujours pour mieux le contrôler. Bref, il y aurait des traités entiers à écrire sur l'art du dribble au basket !

Mais, au fait, pourquoi ce dribble ? La réponse ne va pas de soi.

Contrairement à ce que l'on pourrait imaginer, le dribble n'est pas constitutif du basket. Il n'était même pas prévu dans les premières règles de ce sport. Lorsque James W. Naismith, entraîneur canadien d'une école du Massachusetts[1], a inventé le basket en 1891, cela répondait à un cahier des charges précis. Les hivers du nord de la Nouvelle-Angleterre sont froids et enneigés, et l'éducateur voulait un moyen de garder ses équipes en forme. Il lui fallait donc un sport qui se joue en salle. Un sport d'équipe, bien sûr, pour maintenir la cohésion de ses troupes. Un sport de ballon, parce qu'il en avait à disposition. Enfin un sport qui ne risque pas d'engendrer des blessures chez ses joueurs, qui devaient se préserver pour la saison du football !

Naismith a trouvé l'idée géniale des buts en hauteur : à chaque extrémité du gymnase, il a fixé sur la rambarde à 3 mètres au-dessus du sol des paniers ronds, en bois (ils servaient à la base aux pêcheurs du coin pour entreposer leurs poissons).

Au départ, la règle était de se faire des passes avec le ballon pour s'approcher du panier, mais avec interdiction de courir en le tenant dans ses mains. C'est alors que les joueurs ont improvisé une technique pour avancer tout en respectant cette règle : faire rebondir le ballon. Pas tout de suite, car les ballons de l'époque, fabriqués de manière artisanale (extérieur en cuir cousu à la main, intérieur en vessie de porc), n'étaient pas parfaitement ronds, ce qui rendait les rebonds aléatoires.

Le premier match public a eu lieu en 1892. À mesure que ce sport est devenu populaire, des

1. L'International YMCA Training School, devenue ensuite le Springfield College.

fabricants ont travaillé sur la qualité du ballon, le rendant de plus en plus léger, mais surtout homogène, donc prévisible. C'est ainsi que le rebond s'est imposé, puis le dribble, dès que les ballons ont été parfaitement ronds.

La popularité du basket s'est développée sans tarder. Ce sport fut introduit aux JO dès 1904 à Saint Louis (États-Unis), sous forme de démonstration. Il devint sport olympique officiel en 1936 à Munich.

À Paris, les épreuves auront lieu du 27 juillet au 11 août au stade Pierre-Mauroy (à Lille) et à l'Arena Bercy. Et pour le basket-ball 3 × 3 : du 30 juillet au 5 août en plein air place de la Concorde.

Déjà que ça roule mal dans Paris…

Jusqu'à preuve du contraire…

Pourquoi un mètre mesure-t-il un mètre ?

Toutes les épreuves des Jeux olympiques sont établies dans le système métrique. Le 100 mètres, le 110 mètres haies, le 4 × 100 mètres 4 nages… la liste est trop longue. Mesures et classements se font également dans notre système décimal[1] : les distances pour les sauts et les lancers, les poids pour l'haltérophilie, etc.

Au fait : quel rapport entre le poids et la distance ? Basique : 1 kg, c'est le poids d'un litre d'eau, volume que contient un cube de 10 centimètres de côté.

Tout part donc de la distance. Si j'osais, je dirais que le mètre est le maître.

Un mètre, pour s'en donner une idée humaine, c'est vaguement la hauteur d'un demi-basketteur de NBA, ou trois fois votre cuisse, ou la taille d'un enfant de quatre ans. Pourquoi un système si peu

1. Y compris le marathon et la taille des buts au foot, respectivement 42,195 km et 2,44 m.

anthropocentré ? Nous comptons en base 10 parce que nous avons dix doigts. Pourquoi nos unités ne sont-elles plus le pied, le pouce ou le coude, dont chacun a pourtant une idée intuitive ? Sans doute parce que, à part le nombre de doigts, nous sommes tous différents. Il fallait une référence qui ne parle à personne en particulier, donc à tout le monde.

L'invention du système métrique, le plus utilisé sur la planète, est récente à l'échelle de l'histoire de l'humanité : à peine plus de deux siècles. Auparavant, de multiples systèmes coexistaient, rendant souvent les échanges commerciaux très compliqués. La livre, par exemple, n'avait pas le même poids à Toulouse ou à Lille.

La Révolution française va mettre de l'ordre. En 1790, décision est prise de trouver une mesure commune à tout le pays, pour démontrer aussi politiquement que la France est une nation unie. Laquelle choisir ? Les plus éminents savants de l'époque – Condorcet, Lagrange, Laplace, Lavoisier et Monge – se réunissent et concoctent une élégante solution. Pour que la nouvelle unité soit vraiment universelle, ils choisissent pour référence… la Terre !

Symboliquement, ils coupent la Terre en quatre. Au niveau de l'équateur, le mètre représentera, par pure convention, un millionième du quart d'un méridien. Voilà pourquoi la circonférence de la Terre fait exactement 40 000 kilomètres, soit 40 millions de mètres. Le calcul a été confié à Delambre et Méchain. Ils prennent des mesures et les affinent par triangulation pour contourner le problème des reliefs qui faussent les résultats.

En 1795, le 18 germinal an III du calendrier républicain, le mètre remplace officiellement toutes les unités précédentes. Il tire son nom du grec Μετρήστε qui signifie « Mesure ».

Et les nœuds, au fait, on dit quoi des nœuds ? Tournez la page, vous allez comprendre.

Jusqu'à preuve du contraire…

Pourquoi mesure-t-on la vitesse des bateaux en nœuds ?

La voile sera bien présente aux Jeux olympiques, dans la majestueuse Marina de Marseille, avec une dizaine de catégories, pour les hommes et pour les femmes : planche à voile, dériveur solitaire, dériveur double, formula kite ; à quoi s'ajoutent trois épreuves mixtes : kiteboard, dériveur double, et catamaran.

Ça va vite tout ça ? Pas qu'un peu !

Le catamaran a désormais des foils (c'est une nouvelle catégorie de bateaux, pour les experts : Nacra17). Ces foils lui permettent de s'élever littéralement hors de l'eau quand l'allure croît, pour une vitesse maximale annoncée de 40 nœuds ! Des foils équipent aussi les nouvelles planches à voile : les iQFoils débarquent pour la première fois aux Jeux. Elles sont plus spectaculaires, et surtout plus rapides : presque 35 nœuds !

J'ai vu ça comme vous dans la presse. Mais j'ai dû prendre ma calculatrice et multiplier par 1,852 pour me faire une idée des vitesses. Respectivement : 74,1 et 64,8 km/h.

Vous l'avez remarqué : les nœuds mesurent la vitesse des bateaux, y compris dans les reportages grand public. Cette tradition est à ce point tenace que, dans les compétitions, même la vitesse du vent n'est pas notée dans le système métrique. Sur le site officiel des JO, on peut lire ce compte rendu de l'épreuve test de voile qui s'est tenue à l'automne à Marseille : « Avec des vents dépassant régulièrement les 12 nœuds tout au long de la journée, une compétition intense était assurée. »

Bref, le nœud impressionne le profane, et il permet également aux humoristes de réaliser de désopilants calembours.

Sans contrepèterie, c'est quoi un nœud ?

Un nœud est la vitesse uniforme qui correspond à un mille marin par heure. Comme un mille vaut 1,852 kilomètre, on retrouve le chiffre vu plus haut. Mais pourquoi ce terme de « nœuds » ?

À la naissance de la navigation, et pendant des millénaires, les marins n'étaient pas capables de calculer une distance sur l'eau, car ils n'avaient pas de repères précis (alors qu'il suffit de disposer des bornes sur la terre ferme). Impossible d'établir la vitesse des bateaux, étant donné que la vitesse se calcule en divisant la distance parcourue par le temps écoulé.

Cependant, à défaut d'être équipés en chronographes, nos ancêtres matelots étaient astucieux.

Au début du XVIIIe siècle, ils eurent l'idée d'attacher à la poupe (à l'arrière) de leur bateau une corde pourvue de nœuds à intervalles réguliers, tous les cinquante pieds ; une corde à nœuds, en fait.

Quand le bateau était à l'arrêt, la corde tombait verticalement. Un observateur placé au-dessus d'elle ne pouvait voir aucun nœud affleurer à la surface de l'eau. Il en déduisait que la vitesse du bateau était nulle.

Plus le rafiot accélérait, plus la corde s'élevait vers l'horizontale, sous l'effet de la vitesse. Donc, plus le bateau avançait, plus on pouvait compter de nœuds.

Puis le système a été amélioré, mais toujours avec des nœuds.

Une petite planche, appelée loch, était jetée à l'eau. Elle restait à peu près fixe sur l'eau tandis que le bateau avançait. Elle était évidemment reliée à un cordage qui lui aussi comportait des nœuds régulièrement espacés qu'un marin tenait entre ses mains. Pendant la durée d'écoulement d'un sablier, il comptait les nœuds au fur et à mesure qu'ils glissaient entre ses doigts. Le nombre de nœuds indiquait alors la vitesse et non plus une longueur.

Depuis, le génie humain a inventé le sextant, le tachymètre et le GPS. Mais l'empirique unité est restée. N'en déplaise aux têtes de nœud.

Jusqu'à preuve du contraire…

Pourquoi le badminton utilise un volant plutôt qu'une balle ?

Oui, le badminton est un sport olympique ! Depuis Barcelone 1992, il n'a plus quitté les Jeux.

Le badminton est considéré comme un des plus vieux sports du monde. On pense qu'il est né en Chine ou au Siam (Thaïlande) il y a environ deux mille ans. Un vase grec antique montre aussi un athlète qui pratique un sport comparable.

François Ier jouait au « coquantin », terme issu des plumes de coq qui garnissent le volant. On l'appelle « picandeau » dans le Lyonnais, parce que les plumes sont de pie, ou encore « grièche » là où il est garni de plumes de pie-grièche. Rabelais cite parmi les jeux de Gargantua le « coquantin » et le « picandeau ».

De l'autre côté de la Manche, les enfants du Gloucestershire jouaient au Battledore and Shuttlecock, « jeu de volant » dans la langue de Molière, au XVIIIe siècle. Jean-Jacques Rousseau l'évoque dans *Émile ou De l'éducation* (1762) en ces termes : « Quand un enfant joue au volant, il s'exerce l'œil et le bras à la justesse ; quand il fouette un sabot, il accroît sa force en s'en servant, mais sans rien apprendre. » L'objectif était de maintenir le volant le plus longtemps possible en l'air, en le renvoyant chacun son tour, en cercle. Un jeu collaboratif, qui est devenu un affrontement au fil du temps.

Le Régent, duc d'Orléans, qui régna en attendant la majorité de Louis XV, jouait au volant sur un terrain de jeu de paume, qu'il trouvait plus amusant que le jeu de paume lui-même.

Le badminton moderne a été rapporté par les Britanniques des Indes, où il s'appelait *Poona*, c'est la forme la plus proche du sport actuel. Le duc de Beaufort y jouait avec ses invités dans la demeure familiale de Badminton House, château situé en Angleterre dans la bourgade de… Badminton. La légende raconte que le premier volant a été improvisé avec à des plumes plantées dans un bouchon de champagne.

Dès le XVIIIe siècle, des illustrations montrent le volant tel que nous le connaissons : une demi-sphère de liège et des plumes plantées dedans – d'abord des plumes de pigeon, puis d'oie, avant qu'elles deviennent synthétiques.

Mais pourquoi un tel assemblage plutôt que la forme ronde des balles ?

Le volant présente plusieurs intérêts. Sa fabrication et sa réparation sont facilitées par l'usage de matériaux faciles à trouver. Mais, surtout : ses caractéristiques aérodynamiques en font un projectile qui peut prendre des allures très variées : tapé verticalement, il peut monter très haut et planer, mais, frappé à la manière d'un smash, il devient au contraire très rapide. On peut frapper le volant avec des coups très puissants, au ras du filet, ou surprendre l'adversaire par des amortis qui le font courir. C'est cette diversité qui rend ce sport si amusant… et sportif ! Pas de longs échanges de fond de court comme au tennis. Les sets sont rapides et spectaculaires : tout pour plaire.

Le badminton est extrêmement populaire en Asie, en particulier en Chine, en Indonésie et en Corée du Sud. Ces pays ont remporté la plupart des médailles, et sont encore les grands favoris du tournoi. Vous le verrez du 27 juillet au 5 août à l'Arena Porte de la Chapelle.

On peut noter, parmi les règles du badminton, qu'un comportement discourtois, une conduite agressive ou blessante est une faute qui entraîne un point pour l'adversaire.

So British !

Jusqu'à preuve du contraire…

Pourquoi les pistes des vélodromes sont-elles en bois ?

La roue, l'invention emblématique de l'humanité, remonte à trois mille cinq cents ans avant notre ère, mais il a fallu attendre l'année 1817 pour voir débouler le premier vélo, la draisienne, imaginée par le baron allemand Drais[1], et qui ne comportait pas encore de système d'entraînement des roues. Les pieds devaient taquiner le sol.

En 1838, Kirkpatrick MacMillan, un forgeron écossais, invente la première vraie bicyclette. Il adjoint à la draisienne un système de pédales, constitué de tiges rigides actionnées dans un mouvement de va-et-vient. Puis vient la transmission par chaîne vers 1870, avec le pédalier circulaire que nous utilisons encore aujourd'hui. Un succès fulgurant. Le vélo devient « la petite reine ».

1. De son vrai nom : Karl Friedrich Christian Ludwig, baron Drais von Sauerbronn, dit Karl Drais (1785-1851).

Évidemment, les progrès techniques suscitent l'esprit de compétition. Les premières courses sont organisées à Londres en 1878.

En 1888, l'Américain John B. Dunlop invente le pneumatique. Le premier championnat du monde de cyclisme sur piste est organisé en 1893. Entre-temps, les Français Édouard et André Michelin ont inventé la chambre à air. Le Tour de France est créé en 1903. Parallèlement, les courses sur piste se développent, d'autant que certaines arrivées se disputent sur cette innovation technique : le vélodrome.

Les spectateurs se pressent autour des ovales, où on peut admirer les coureurs plus longtemps.

Reste à régler la question, épineuse, de la surface. La première piste française a été construite en 1891 à Courbevoie, longue de 500 mètres avec des virages relevés. Elle est en ciment, à ciel ouvert.

D'autres matériaux vont être testés : l'enrobé, le goudron, et le bois. Évitons tout faux suspense : essayer le bois, c'est l'adopter. Techniquement, son contact est sans égal. Sa surface particulièrement lisse permet aux pistards d'atteindre les vitesses les plus élevées, et leur procure quasiment des sensations de glisse. C'est ce que confie au *Figaro* l'ancien champion Arnaud Tournant (patronyme prédestiné pour un cycliste sur piste) : « Il permet un meilleur rendement. Les performances sont incomparables et on va plus vite. En plus, le contact avec le bois est vraiment particulier. »

Le contact… Oublions un instant la performance. En marge de sa rigidité, le bois a une micro-souplesse qui permet un certain amortissement des chocs. Du point de vue du coureur, il « pardonne » davantage que le béton en cas de chute. Vous ne me croyez pas ? Laissez tomber votre portable sur les deux surfaces, et vous me croirez. Toutefois, gare aux échardes si la piste est trop ancienne ou mal entretenue…

Certes, une piste en bois est plus coûteuse, mais sa durée de vie est plus longue. Car les pistes reposent sur des structures elles aussi en bois, des charpentes constituées de milliers de lattes. Lorsqu'une partie du revêtement s'abîme ou se casse, la réparation est facile : il suffit de changer quelques lattes. Les essences utilisées viennent principalement des conifères (sapin, cyprès, douglas, pin de Sibérie) ou des feuillus (orme, teck, doussié). Dans l'idéal, on utilise le même bois pour la piste et la charpente, afin qu'ils travaillent de la même façon dans le temps.

Peu à peu, tous les grands vélodromes couverts vont opter pour la piste en bois. L'anneau de vitesse du Vélodrome national de Saint-Quentin-en-Yvelines qui sera utilisé pour les Jeux 2024 ne déroge pas à la règle. Dans le cadre de records internationaux, comme le record de l'heure, chaque directeur de vélodrome souhaite que la performance se fasse sur sa piste, pour accroître sa renommée.

Pour information, le record de l'heure à vélo est détenu depuis 2022 par l'Italien Filippo Ganna, sur la fameuse piste de Granges, en Suisse : 56,792 km !

Vous connaissez la définition d'un record. C'est lui le plus rapide.

Jusqu'à preuve du contraire…

Pourquoi l'équitation est-elle la seule épreuve mixte des Jeux olympiques ?

Historique ! Le CIO se félicite que les Jeux de Paris 2024 soient les premiers de l'histoire à afficher une stricte parité entre les femmes et les hommes, parmi les 10 500 athlètes qualifiés. On ne peut qu'applaudir. On se demande simplement pourquoi il a fallu attendre 2024, pourquoi le Comité n'a pas mis en place cette égalité depuis des décennies, puisqu'il suffisait de l'instaurer avec un vote en réunion (mais c'est un autre sujet).

Au-delà des annonces, concrètement, la séparation entre hommes et femmes sera toujours présente aux Jeux. Toutefois, au milieu de l'empire des compétitions olympiques, un petit village résiste, ou plutôt fait cavalier seul : l'équitation.

Aux JO, garçons et filles concourent dans les mêmes épreuves, sous les mêmes classements. Et le sexe qu'on qualifiait autrefois de « faible » n'est pas à la traîne, bien au contraire.

Prenez les résultats des derniers Jeux de Tokyo. Dans l'épreuve de dressage, la médaille d'or est revenue à l'Allemande Jessica von Bredow-Werndl, l'argent à sa compatriote Isabell Werth, et le bronze à la Britannique Charlotte Dujardin. Par équipes, c'est aussi l'Allemagne qui a empoché l'or, avec un trio… 100 % féminin (beaucoup d'équipes sont mixtes). En concours complet, c'est encore une Allemande qui a pris la médaille d'or, Julia Krajewski, devant un Anglais et un Australien. En saut d'obstacles, le Britannique Ben Maher a sauvé l'honneur masculin avec sa médaille d'or.

Bref, femmes et hommes rivalisent les unes contre les autres, et aussi sans distinction d'âge. On trouve dans les concours d'équitation des adolescents face à des sexagénaires. Notons encore que les chevaux engagés sont autant des mâles que des femelles.

Il existe bien des épreuves mixtes aux Jeux olympiques, mais cela sous-entend qu'il y a un gars et une fille, comme pour le double mixte au tennis. L'homme doit être un homme, la femme doit être une femme. Chouchou et Loulou, quoi.

Seule l'équitation ne vous demande pas de cocher H ou F avant de vous inscrire. Pourquoi est-ce la seule discipline olympique dans ce cas ?

Bien sûr, il serait absurde d'opposer hommes et femmes dans des sports où priment la taille et la musculature : le basket, l'haltérophilie, le cyclisme, la boxe et tant d'autres.

Mais pourquoi les séparer au tir à l'arc ? au tir au pistolet ? en escalade ? ou même en voile ? D'autant plus étonnamment que navigateurs et navigatrices participent ensemble aux grandes courses en solitaire autour du monde.

Chaque fois, les fédérations internationales et l'olympisme avancent de bonnes raisons. Rapide revue de détail (non exhaustive).

Tir au pistolet : les fédérations internationales de tir, comme l'ISSF (International Shooting Sport Federation), ont des catégories spécifiques pour les compétitions. Selon elles, la séparation des sexes permet d'assurer l'équité sportive et de garantir que les meilleurs athlètes, hommes et femmes, soient récompensés. Admettons.

Mais voici qu'en 1992 est survenu un événement unique aux Jeux de Barcelone. Le 28 juillet, la Chinoise Shan Zhang a remporté l'or olympique dans l'épreuve de tir (*skeet*), une compétition ouverte aussi aux garçons. Elle s'est imposée devant deux hommes. Depuis 1972, cette épreuve de tir à la volée sur des plateaux d'argile était mixte. Pour la première fois de l'histoire, c'est une femme qui l'emporte. Et avec la manière : elle améliore le record olympique de la discipline !

Une telle nouvelle aurait dû faire le tour du monde. Eh bien, non. Je l'ai découverte en préparant cet ouvrage[1]. Et après la victoire de Shan

1. Merci à l'association Egal Sport.

Zhang, devinez ce qu'il s'est passé. L'épreuve « unisexe » a été supprimée, dès les Jeux d'Atlanta 1996. De quoi avaient-ils peur ? Mystère.

Dans les compétitions de tir à l'arc, hommes et femmes se tiennent à même distance de la cible : 70 mètres. Et pourtant, les compétitions ne sont pas mixtes, avec plusieurs raisons avancées.

Les statistiques indiquent que, dans les épreuves d'arc à poulie, où la force physique est indispensable, les hommes affichent de meilleurs résultats. En revanche, dans les épreuves d'arc classique, les femmes ont souvent des scores comparables aux hommes. Écoutez l'archère Audrey Adiceom, vice-championne du monde : « En tir à l'arc, la technique et le physique sont importants, mais le mental, c'est vraiment ce qui fait la différence. » Alors pourquoi deux catégories ?

Le second argument qui est alors avancé est le suivant : la mixité pourrait décourager les femmes de participer à des compétitions de tir. Ce n'est pas infondé. Bien que les sports automobiles, y compris la Formule 1, soient mixtes, la FIA a créé de nombreuses catégories réservées aux femmes pour les attirer derrière un volant[1].

Officiellement, quelle que soit la discipline, le CIO encourage la mixité dans les sports olympiques, mais il respecte également les règles et les traditions des fédérations internationales. Ce qui est valable pour le tir à l'arc s'applique aux autres sports.

---

1. Il y a déjà eu des filles en F1, comme Lella Lombardi dans les années 1970 (sur March). Et la Française Michèle Mouton a bien failli devenir championne du monde des rallyes en 1982.

Nouveauté en 2011, la FITA a créé des épreuves mixtes par équipe. L'archer français Mathieu Jimenez constate : « En tir à l'arc, si les hommes ont tendance à faire de meilleurs scores que les femmes en individuel, l'affaire est différente par équipes[1]. » Dans la foulée, le CIO a annoncé la création de trois épreuves mixtes au programme des Jeux olympiques de 2020 à Tokyo. Elles seront reconduites à Paris 2024.

Pas de mixité en escalade ! Les fédérations internationales, comme l'IFSC (International Federation of Sport Climbing), séparent rigoureusement les compétitions par sexe. Dans les épreuves de difficulté, où la force musculaire et l'endurance priment, les hommes ont tendance à obtenir de meilleurs résultats. Dans les épreuves de bloc, où la force est moins importante, les femmes ont régulièrement des résultats comparables aux hommes. Ce qui paraît une évidence : elles ont moins de force, mais moins de masse à soulever. Mais elles resteront entre elles, une fois encore.

Et en voile, au fait ?

On a vibré avec la victoire en solitaire de Florence Arthaud (du haut de son 1,63 mètre) dans la Route du Rhum en 1990, ou le record du tour du monde – en solitaire aussi – d'Ellen MacArthur (1,57 mètre) en 2005, au nez et à la barbe des meilleurs skippeurs de la planète.

Pourtant, les compétitions de voile des Jeux olympiques ne sont pas mixtes. Les fédérations se

1. *Le Monde*, 5 octobre 2017.

justifient avec des arguments connus (ce n'est pas parce qu'ils sont connus qu'ils sont inopérants) : dans les épreuves de dériveur, les femmes ont souvent des résultats comparables aux hommes. Mais dans les épreuves de catamaran, où la force musculaire et l'endurance sont plus importantes, les hommes les surclassent. Célèbre refrain.

Les compétitions olympiques diffèrent des grandes courses au large. Les régates olympiques de voile se jouent sur un plan d'eau – donc des distances limitées – et avec une météo prévisible. Les courses au large se déroulent sur des parcours océaniques très longs, et dans des conditions météorologiques extrêmes. La stratégie et la résistance au sommeil priment sur la force.

Officiellement, World Sailing, la Fédération internationale de voile, « reconnaît que les hommes et les femmes ont des différences physiques et physiologiques qui peuvent influencer les performances sportives ». Et ce n'est pas tout : World Sailing « s'engage à garantir l'équité et la compétitivité dans toutes ses compétitions ».

Avant de dépoussiérer les règlements, encore faut-il faire évoluer les mentalités.

En 2018, l'ancien président de World Sailing, Paul Henderson, avait poussé un coup de gueule contre la mixité[1]. Surnommé « *Pope* » (le pape), le Canadien a dirigé d'une main de fer les instances internationales entre 1994 et 2004. Il s'en est pris au Danois Kim Andersen, le président de

1. Newsletter *Scuttelbutt*, 19 décembre 2018.

l'époque, qui souhaitait procéder à une refonte des séries olympiques, notamment pour les JO de Paris 2024.

Henderson condamne alors des changements « dramatiques » pour la voile olympique. Il s'insurge du fait que, pour des raisons « personnelles », Andersen souhaite que 4 des 10 séries olympiques deviennent mixtes (alors que c'est pourtant une exigence formelle du CIO), quand seulement 18 le sont sur les 300 autres disciplines olympiques. Henderson ajoute que les épreuves mixtes « ne sont pas des compétitions de voile normales » !

Dont acte. En 2020, Kim Andersen a cédé son fauteuil de président au Chinois Quanhai Li. Mais la fédération internationale refuse toujours la mixité dans les épreuves.

Dans une interview au magazine *Sailing Today*, Quanhai Li s'en est expliqué : « Je suis un fervent partisan de la mixité dans la voile. Je pense que c'est important pour l'avenir du sport. [...] Cependant, nous devons également nous assurer que les compétitions sont équitables et compétitives. C'est pourquoi nous devons continuer à évaluer les différentes options et à consulter les athlètes et les parties prenantes. »

Bref, c'est pas perdu. Mais c'est pas gagné.

Et l'équitation alors ? On l'a vu, c'est le seul sport olympique individuel où hommes et femmes s'affrontent dans les mêmes épreuves. Cette mixité trouve ses racines dans son histoire.

L'Angleterre, berceau de l'équitation moderne, a joué un rôle primordial. Dès le XVIIIe siècle, des femmes participaient à la chasse puis à des courses hippiques aux côtés des hommes. Quand l'équitation est devenue un sport, cette mixité n'a pas disparu.

Aux Jeux, c'est en 1900 à Paris que des femmes furent pour la première fois autorisées à participer[1] à une olympiade. Cinq épreuves leur sont alors réservées, dont l'équitation.

En 1952, la Fédération équestre internationale (FEI) autorise les femmes à concourir dans toutes les épreuves internationales. Une première mondiale. Le CIO est moins ouvert. Aux Jeux d'Helsinki, elles ont seulement le droit de s'aligner dans la catégorie « dressage ». Il faudra patienter douze ans (trois olympiades) pour que cavalières et cavaliers s'affrontent sur un pied d'égalité aux Jeux de Tokyo (1964).

Voici pourquoi, en 2024, l'équitation est le seul sport vraiment mixte des Jeux. Attendons 2028.

Jusqu'à preuve du contraire…

---

1. En 1900, sur un total de 997 athlètes, 22 femmes sont en lice dans 5 sports : le tennis, la voile, le croquet, le golf et l'équitation.

Pourquoi dans les équipes de volley y a-t-il une joueuse ou un joueur dont le maillot est de couleur différente des autres ?

Le volley a une histoire comparable à celle du basket : il a été inventé en 1895 par un professeur d'éducation physique soucieux d'entretenir la forme de ses équipes pendant l'hiver. Et à seulement 16 kilomètres de l'endroit où a été inventé le basket. William G. Morgan souhaitait un sport moins violent que le basket, il s'est inspiré à la fois du tennis, du badminton (notamment pour le filet) et bien sûr du basket pour la pratique en salle.

Dès 1924, une démonstration de volley-ball a lieu dans le cadre des JO d'été de Paris, mais il faudra attendre 1964 pour qu'il fasse son entrée officielle dans le programme des Jeux.

Vous y avez certainement déjà joué sur la plage ou au collège. Chaque équipe place six joueurs sur le terrain, à des positions fixes au moment où le serveur expédie la balle de l'autre côté du filet. Je simplifie, évidemment.

Car une innovation de taille a été introduite en 1998 avec l'invention d'un joueur particulier : le libero. Oui, comme au foot. Il a un rôle spécial : défendre, relancer le jeu, mettre ses attaquants sur orbite. Contrairement à ce que son nom indique (*libero* signifie « libre » en italien), le libero a interdiction d'attaquer, de contrer, de servir, et même d'être capitaine de l'équipe !

Comme au football où le gardien a le droit d'utiliser ses mains, le libero jouit lui aussi de prérogatives uniques. Sinon quel intérêt ?

Contrairement à ses coéquipiers, il peut se déplacer librement sur le terrain. Il n'est pas soumis aux règles de rotation qui s'appliquent au reste de l'équipe. Il peut remplacer n'importe quel joueur de la ligne arrière. Au passage, le changement d'un joueur remplacé par le libero n'est pas comptabilisé comme un changement.

Le plus spectaculaire vu des tribunes : il peut attaquer la balle dans la zone des 3 mètres (uniquement en manchette) même si ses pieds touchent le sol, alors que les autres joueurs ne sont autorisés à contrer dans la zone des 3 mètres que s'ils sont en train de sauter. Le libero peut donc sauver des balles réputées « insauvables » !

Pourquoi un maillot spécial ? Comme le gardien de but au football : pour que l'arbitre puisse l'avoir à l'œil en permanence.

Mais pourquoi avoir « créé » un tel poste ?

Avant tout pour des raisons marketing. Nous sommes à la fin des années 1990. Les télés renâclent à diffuser les matchs, les salles se vident. Les échanges, trop lents, trop codifiés, conduisent à des matchs trop longs, pouvant s'éterniser jusqu'à trois heures.

Pour réduire la durée de jeu, la fédération modifie le système des points, et invente le poste de « super défenseur », alors qu'autrefois les meilleurs joueurs étaient en attaque. Autre avantage : pas besoin d'être un immense gabarit pour être un grand libero puisqu'il ne saute pas au-dessus du filet, il doit simplement être plus rapide et plus agile. Le Français Hubert Henno a révélé qu'il avait choisi ce poste uniquement parce que, trop petit (1,88 mètre !), il ne pouvait prétendre à une carrière internationale[1].

Surtout, l'arrivée du libero a permis de créer de nouvelles stratégies. Un jeu moins monotone, plus complexe, est plus intéressant à regarder.

Bienfait inattendu : l'arrivée du libero a rendu le sport plus paritaire, car le poste ne nécessite pas la même puissance physique que celui d'attaquant. Cela a permis d'accroître la participation des filles au volley-ball.

---

1. *Libération*, 19 octobre 2018.

Le poste, créé il y a vingt ans, est facultatif, mais il est devenu indispensable : toutes les grandes équipes ont leur libero.

L'international français Jenia Grebennikov (plus de 200 sélections) est formel : « Le libero a rendu ce sport plus beau. »

Jusqu'à preuve du contraire…

Pourquoi les sportifs gagnent-ils plus souvent à domicile qu'à l'extérieur ?

Tous les parieurs le savent : quand une équipe joue « à la maison », elle augmente ses chances de victoire. Sur 22 Coupes du monde de football, 6 ont été remportées par le pays organisateur (dont la France de Zidane en 1998). Presque un tiers, c'est hors norme.

En Ligue 1, *L'Équipe* a relevé 48 % de victoires à domicile, 25 % de matchs nuls, et seulement 27 % de défaites. Sur le Top 14 de rugby, c'est encore plus saillant : 73 % de victoires, 5 % de nuls et 22 % de défaites.

Le chercheur Samuel Aupetit a compilé les statistiques américaines. Qu'a-t-il découvert ? « Le phénomène de l'avantage du jeu à domicile s'étend à tous les niveaux : lycée (« *high school* »)

(Mc Cutcheon, 1984), université (« *college* ») (Snyder & Purdy, 1985) et professionnel (Acker, 1997) et concerne la majorité des pratiques sportives : une moyenne de 54 % de victoires à domicile en base-ball, 57 % en football américain, 60 % en hockey sur glace et en lutte, 64 % en basket-ball et en football, et 72 % en rugby, aussi bien pour les hommes que pour les femmes. Cet avantage apparaît dans toutes les compétitions : championnats, Coupes d'Europe (Pollard, 1986) et même Jeux olympiques où la nation accueillante remporte plus de médailles qu'aux JO précédents ou suivants[1]. »

Dernier exemple en date : le Japon a eu 41 médailles aux JO de Rio en 2016, ce qui fut présenté à l'époque comme un exploit, et 58 aux JO de Tokyo ! Vu que les épreuves des JO vont se passer en France, tous les espoirs nous sont permis…

Oui, mais à quoi ça tient ?

L'arbitrage maison ? Cela ne suffit pas à expliquer le phénomène. Les arbitres sont de plus en plus rigoureux – et de plus en plus scrutés et contrôlés. Et dans le cas de sports de vitesse comme la natation, l'arbitrage n'a rien à voir dans le résultat final.

L'explication la plus répandue est que, dans un stade, la liesse des supporteurs agit sur le métabolisme des sportifs jusqu'à se transcander. Certes, le mental compte, mais c'est un épiphénomène.

---

1. Samuel Aupetit, « Influence du lieu de la rencontre sur la performance sportive (match à domicile ou à l'extérieur) : une analyse critique », *Movement & Sport Sciences*, 2008/3 (n° 65), p. 9-34.

Les raisons profondes de cette facilité à gagner chez soi sont à chercher dans les arcanes les plus souterrains de la psyché humaine, voire animale, car c'est un trait que nous partageons avec nos frères animaux. Tout comme les chats, les loutres ou les bouquetins, nous avons le réflexe de… défendre notre territoire !

Reprenons depuis le début.

Il existe une hormone que les sportifs connaissent bien, et qu'ils surveillent attentivement lorsqu'ils sont professionnels, c'est la testostérone. Parmi ses multiples effets, la testostérone agit sur le maintien de la masse musculaire, et certains n'hésitent pas à se supplémenter de manière sauvage pour augmenter celle-ci – pratique condamnée par la médecine. La testostérone est une hormone de l'effort, son taux baisse au fil des minutes dès lors que la masse musculaire est sollicitée. Les sportifs veulent donc, logiquement, en avoir les réserves les plus importantes possible. D'où l'avantage biologique de jouer à domicile.

Et là on se demande : même chez les filles ? Réponse : même chez les filles ! La testostérone est également présente dans le corps féminin, dans une proportion moindre que chez les hommes, mais elle joue pareillement un rôle majeur. Elle contribue à la régulation du métabolisme, et favorise la combustion des graisses, la croissance et le maintien de la masse musculaire.

Une étude menée par trois chercheurs de l'université du Michigan (Sari van Anders, Jeffrey Steiger et Katherine L. Goldey) montre que des comportements identifiés comme « typiquement masculins » font augmenter le taux de testostérone de ceux qui les adoptent, qu'ils soient hommes ou femmes. Pour le démontrer, ils ont fait jouer des scènes à des comédiennes et des comédiens en leur faisant adopter des postures différentes dans une série de cas de figure. Résultat : les postures « masculines » – agressivité, affirmation de l'autorité – ont débouché sur une hausse de la testostérone. Cette relation inversée de cause à effet (on a auparavant souvent démontré que c'est la production de testostérone qui induit des comportements « masculins ») intéresse beaucoup les chercheurs. Sari van Anders souligne que, cette relation étant plus difficile à prouver, elle est moins étudiée.

Revenons au sport. En jouant à domicile, champions et championnes retrouvent le réflexe archaïque de défense du territoire, en produisant plus de testostérone. Donc ils et elles disposent de plus de ressources physiques. D'où le fameux chant des supporteurs en déplacement : « On est chez nous ! On est chez nous ! »

Jusqu'à preuve du contraire…

Bibliographie

Antoine Blondin, *L'Ironie du sport*, Éditions François Bourin, 1994.

Martin Williamson, « The ignorant Olympians », *ESPNcricinfo*, 2007 ; site du CIO.

Mustapha Kessous, *Les 100 Histoires des Jeux olympiques*, PUF, 2012.

Encyclopédie canadienne.

Philippe Cazaban et Daniel Champsaur, *Géants : toute l'histoire du basket-ball*, Chronique Éditions, 2015.

Bruno Derrien, *À bas l'arbitre*, Éditions du Rocher, 2009.

Jean-Yves Guillain, *Histoire du badminton – Du jeu de volant au sport olympique*, Éditions Publibook, 2002.

Léon Mercadet, *Culture, confiture, sport*, La Martinière, 2004.

Maria Antonietta Sessa, « Badminton story », calameo.com.

David Wilson, *Bicycling Science*, MIT Press, 1976.

Remerciements

Caroline Sers pour sa documentation et son aide précieuse, Patricia Costantini et l'association Egal Sport, Bruno Donnet, Amaury Perdriau.

DU MÊME AUTEUR

Le Dico français-français, JC Lattès, 1992 ; Le Livre de Poche, 1993.

Pourquoi ? Le Livre des pourquoi, JC Lattès, 1993 ; Le Livre de Poche, 1994.

Le Dico des paradoxes, Canal + éditions, 1993 ; Le Livre de Poche, 1994.

Pourquoi ? Encore des pourquoi, JC Lattès, 1995 ; Le Livre de Poche, 1996.

C'est mon avis et je le partage, Grasset, 1995 ; Le Livre de Poche, 1996.

Cherchez l'erreur, Canal + éditions, 1999 ; Le Livre de Poche, 2001.

Attention les yeux, Canal + éditions, 2001 ; Le Livre de Poche, 2002.

C'est vraiment vrai, Plon, 2002.

Je ne suis pas de mon avis, Plon, 2004.

Oui, tiens, pourquoi ?, Oh ! Éditions, 2010 ; Le Livre de Poche, 2012.

Tout et son contraire, Radio France éditions/Fetjaine (La Martinière), 2011.

Les Pourquoi en images, Kero, 2012.

Les Pourquoi en images 2, Kero, 2013.

Les Pourquoi en images, le best-of, Pocket, 2014.

Les Pourquoi interdits aux moins de 18 ans, Kero, 2014.

Les Pourquoi en BD, Jungle/Kero, 2014.

Les Pourquoi en BD, tome II, Jungle/Kero, 2015.

Les Pourquoi en BD, l'intégrale, Jungle/Kero, 2017.

Les Pourquoi du sport, Kero, 2017.

Table des matières

Composition et mise en pages
Nord Compo à Villeneuve-d'Ascq

Achevé d'imprimer en mars 2024
sur Roto-Page par l'Imprimerie Floch à Mayenne
pour le compte des Éditions Calmann-Lévy
21, rue du Montparnasse 75006 Paris

PAPIER CERTIFIÉ

KERO s'engage pour l'environnement en réduisant l'empreinte carbone de ses livres. Celle de cet exemplaire est de :
600 g éq. CO_2
Rendez-vous sur www.kero-durable.fr

N° d'éditeur : 6148984/01 — N° d'impression : 104619
Dépôt légal : avril 2024
Imprimé en France